ENTRETIENS

SUR

LA SALETTE.

C.

TOULOUSE , IMP. DE A. CHAUVIN, RUE MIREPOIX , 3.

ENTRETIENS

SUR

LA SALETTE

PAR

M. L'ABBÉ LABORDE,

(DE LECTOURE).

> Dieu a-t-il besoin de votre mensonge?
> a-t-il besoin que vous inventiez des faus-
> setés à son profit?
>
> (Job, XIII, 7.)

PARIS,

CHEZ E. DENTU, LIBRAIRE-ÉDITEUR,

Palais-Royal, galerie d'Orléans, 13.

—

1855.

ENTRETIENS

SUR

LA SALETTE.

PRÉAMBULE.

Occasion de ces entretiens, et personnages.

L'AUTEUR.

I. L'apparition de la Salette continuant à faire du bruit dans le monde religieux, on a pensé qu'il ne sera pas inutile de donner au public des entretiens intéressants de trois ecclésiastiques sur ce sujet.

II. L'un de ces trois interlocuteurs est un jeune prêtre, élevé selon les maximes nouvelles, mais ne manquant pas de pénétration, et doué de beaucoup de droiture d'esprit et de cœur. L'autre est un prêtre d'un âge mûr, nourri des principes solides de la tradition, et devenu théologien par une longue et constante étude. Le troisième est un autre ecclésiastique qui fait, dans ces entretiens, l'office de secrétaire.

III. Il avait déjà été question par le passé, entre les deux prêtres, de l'apparition de la Salette. Ils se trouvaient en même temps, il n'y a que quelques années, dans une ville de province, d'où ils sont originaires. Le plus jeune était alors seulement élève de théologie. Le théologien vint se fixer dans la capitale, et le jeune abbé continua ses études cléricales dans une maison dirigée par les Pères d'une compagnie ou congrégation.

IV. Etant venu, il y a quelque temps, à Paris, il a visité tout naturellement le prêtre instruit, dont il est maintenant le confrère dans le sacerdoce; et c'est à cette occasion qu'ont eu lieu les entretiens que nous publions. C'est le secrétaire qui nous en fournit le fond; nous le revêtons de notre style.

PREMIER ENTRETIEN.

La discussion s'engage.

UN THÉOLOGIEN, UN JEUNE ABBÉ.

I. Le premier entretien commença dès la première visite. Après que nos deux messieurs se furent fait leurs compliments, qu'ils eurent renouvelé connaissance, et causé pendant quelque temps des personnes et des choses de leur pays, M. l'abbé X. s'avisa de parler ainsi :

— Eh bien ! monsieur, que pensez-vous aujourd'hui de l'apparition de la Salette : en portez-vous encore le même jugement que vous en portiez autrefois? Vous voyez, enfin, le miracle reconnu et approuvé par l'ordinaire; vous voyez combien d'autres miracles l'autorisent, et l'approbation générale qu'il reçoit; la vogue de l'archiconfrérie établie en son honneur, et l'autorité que lui concilient les évêques mêmes par leur participation pratique à cette dévotion, qui s'étend déjà partout : résistez-vous à tant d'autorités et condamnez-vous encore ce qui est reçu par tant de monde ?

II. Notre théologien avait écouté ce discours avec beaucoup d'attention et une grande tranquillité. A peine était-il achevé, qu'il répondit au jeune abbé :

— Je suis bien aise, monsieur, que vous mettiez la conversation sur cette matière. Qu'y a-t-il, en tout ce que vous venez de dire, qui ait dû me faire changer de sentiment sur le fait de la Salette? Tenez-vous pour bien assuré que je ne juge pas aujourd'hui de cette prétendue apparition autrement que j'en jugeai le premier jour. Je vous le répète donc, monsieur, cette apparition n'est qu'une évidente duperie, qu'une superstition honteuse. J'ajoute que ces miracles qui, selon vous, confirment le fait, n'ont pas plus de vérité que le fait lui-même, et ne sont que d'autres duperies ajoutées à une première duperie. Ni l'approbation de l'évêque du lieu, ni l'autorisation pratique de certains autres prélats, ni l'archiconfrérie établie à cette occasion, ni l'empressement et le concours du peuple sur la montagne où on suppose qu'a eu lieu cette fausse merveille, ne sauraient lui donner de la réalité; et, quant au résultat de la vogue de cette dévotion, voulez-vous le savoir? C'est une preuve de l'ignorance et de la légèreté de ceux qui s'y amusent, et un grand préjudice pour la religion.

III. M. l'abbé X. ne fut pas peu interdit par ces paroles.

— Vous m'étonnez, monsieur, dit-il, plus que vous ne m'ayez jamais étonné. Mais y avez-vous bien réfléchi et auriez-vous de bonnes preuves pour soutenir ce que vous avancez?

— Si j'y ai réfléchi, répondit le théologien; je n'en parle pas à la légère. D'ailleurs, faut-il donc une si grande réflexion pour reconnaître faux ce qui est d'une fausseté qui saute aux yeux?

Et comme l'abbé s'étonnait de plus en plus, il ajouta :

— Du reste, voulez-vous en faire l'expérience, et avoir un ou plusieurs entretiens sur ce sujet? Je pense qu'il ne sera pas difficile de vous faire voir ce qui en est, et de vous faire même partager mon sentiment. — Je ne refuse pas, répondit l'abbé. — *Le théologien.* Voulez-vous que ce soit dès demain? — *L'abbé.* Je n'y vois pas d'inconvénient. — *Le théologien.* Eh bien! demain, à la même heure. — En même temps, se tournant vers moi, il me dit : Monsieur, vous serez des nôtres, sans doute. Je lui répondis que je ne demandais pas mieux. Après quelques mots sur d'autres sujets, nous nous séparâmes.

DEUXIÈME ENTRETIEN.

Si on doit et si on peut admettre le miracle de la Salette sans examen, sur la seule approbation de l'évêque de Grenoble.

LE THÉOLOGIEN, L'ABBÉ.

I. Chacun fut exact au rendez-vous. A l'heure sonnante, nous étions assis autour d'une table.

— Monsieur, dit le théologien au jeune abbé, je suis d'avis que nous retenions à proportion notre entretien par écrit : ce sera le moyen de conférer avec plus d'ordre ; nous serons moins exposés à perdre notre temps et notre peine, et peut-être résultera-t-il quelque utilité pour d'autres de ce que nous aurons débattu. — C'est-à-dire, dit l'abbé, que vous voulez y aller sérieusement ; je ne refuse pas. Mais si nous avançons quelque proposition hasardée, nous sera-t-il permis de revenir sur nos pas ? — Cela s'entend, répondit le théologien ; nous ne sommes pas ici pour nous prendre à la gorge. Il ajouta, en se tournant vers moi : Monsieur aura bien la complaisance de tenir la plume et de nous servir de secrétaire. — J'acquiesce très-volontiers, répondis-je.

II. Par où voulez-vous commencer? dit-il alors au jeune abbé. Monsieur, dit celui-ci, à m'en tenir à la règle et à la méthode que j'ai apprise de mes maîtres, il n'est pas besoin d'un grand frais de discussion : il ne doit être plus question ici que de la pratique, et la pratique est fixée. L'évêque de Grenoble a décidé qu'il y a eu vraie apparition de la sainte Vierge à la Salette; sa décision est adoptée, le Pape l'approuve : tout est fini. — C'est-à-dire, répondit le théologien, qu'en conséquence de la décision du seul Mgr de Grenoble et de l'approbation de Pie IX (car personne plus n'est pour rien dans le jugement, et tout le reste ne fait que suivre les yeux stupides), il faut croire que ce qu'on raconte avoir eu lieu à la Salette est une vraie apparition, vénérer ce fait comme l'œuvre miraculeuse de Dieu, et prêcher au peuple cette histoire comme une vérité incontestable. Mais, M. l'abbé, si au fond cette histoire n'est qu'un conte, qu'une fable; ou bien, supposé que les enfants aient vu et entendu ce qu'on dit, si c'est une personne déguisée qui leur ait parlé, ou si c'est le diable qui leur ait apparu au lieu de la sainte Vierge, ne faut-il pas moins croire et prêcher le fait comme un vrai miracle, et les paroles mêmes du diable comme des vérités? — Je ne dois pas entrer dans cette supposition, dit M. X.; il n'est pas permis de la faire : c'est la méthode que m'ont enseignée nos pères pour une pareille occasion. — La méthode de vos pères est vraiment commode, répliqua le théologien. Mais, dites-moi, l'évêque de Grenoble était-il infaillible dans son jugement : Pie IX l'était-il dans l'approbation qu'il a donnée à la croyance de la prétendue merveille? Répondez. — Infaillibles! balbutia l'abbé. Non pas rigoureusement. Il est évident que le Pape n'est pas infaillible dans une pareille approbation, ni un évêque dans un pareil jugement. — Ah! dit le théologien, ils n'ont pas été infaillibles; on peut donc supposer qu'ils s'y soient trompés. Or, si on peut supposer qu'ils s'y soient trompés, pourquoi ne voulez-vous pas qu'on le suppose? — Eh bien! dit l'abbé, supposez-le. — Bon, dit le théologien. Nous supposons donc, monsieur, que les enfants de la Salette n'aient rien vu ni entendu, ou que, s'ils ont vu et entendu ce qu'on rapporte, ce soit quelqu'un de déguisé, ou même le diable qu'ils aient vu et qui leur ait parlé : et vous voulez que, dans ce cas encore, il faille, en vertu d'un faux jugement d'un évêque, adopter et prêcher un mensonge comme la vérité; vénérer, comme l'œuvre de Dieu, une œuvre d'imposture; attribuer à la sainte Vierge une apparition de l'esprit d'erreur et d'impureté! Cela ne vous fait-il point horreur, monsieur, et n'en voyez-vous pas les conséquences? — Sans doute, dit alors l'abbé avec quelque humeur, s'il était prouvé que les enfants n'ont rien vu ni entendu, ou que c'est le diable et non point la sainte Vierge qui leur a parlé, il faudrait envoyer se promener le miracle de la Salette. — Et vos maîtres aussi, répartit le théologien. — Mais, continua l'abbé, cela n'est point prouvé et ne peut l'être. — C'est ce que nous verrons, dit le théologien. En attendant, je prends acte de votre concession.

III. Il est donc convenu que, quand nous aurons prouvé que les enfants n'ont rien vu ni entendu, ou que, s'ils ont vu et entendu ce qu'ils prétendent, ce n'est pas de la sainte Vierge qu'ils l'ont entendu, nous enverrons se promener et le miracle et ceux qui le prêchent. Y consentez-vous? — Je vous avoue, dit l'abbé, que je rougirais d'ajouter foi à une fable, et que je me ferais scrupule de donner les mains à une superstition reconnue; mais je ne conçois pas que l'évêque de Grenoble, entouré de son conseil, ait pu autoriser le miracle de la Salette, et que le Pape en ait approuvé la croyance, s'il peut être prouvé que le fait n'a point existé ou qu'il n'est qu'une supercherie et une superstition odieuse. — Vous revenez à votre péché, dit le théologien, et vous supposez l'évêque de Grenoble infaillible. Voyez, vous êtes libre de soutenir ce que vous voudrez. Si vous voulez soutenir l'infaillibilité de l'évêque de Grenoble, et celle du Pape dans l'approbation qu'il a donnée, nous discuterons cette infaillibilité. Si vous convenez que l'un et l'autre ont pu se tromper, et, d'un autre côté, que, s'ils se sont trompés en effet, il faut, selon votre expression, dire adieu pour toujours au miracle de la Salette, il ne vous reste qu'une chose à faire : c'est de discuter avec moi sérieusement et au fond le miracle prétendu. Prenez donc décidément votre parti. — Je renonce à l'infaillibilité, dit l'abbé, et nous examinerons au fond s'il peut être démontré qu'il y ait eu superstition ou supercherie.

IV. C'est bon, dit le théologien; nous le

démontrerons, j'espère, de manière à ce que vous demeuriez satisfait; mais, en attendant, j'ai une autre question à vous faire. Croyez-vous que la démonstration positive de supercherie ou de superstition dans le fait qui nous occupe, soit de rigueur pour que nous devions le rejeter? Ne pouvez-vous pas y être obligé, à moins d'une telle démonstration? — Je ne le crois pas, répondit l'abbé. — Et moi je le crois parfaitement, répartit le théologien. Dites-moi : si l'on répandait demain cinq ou six autres apparitions de la Salette, serais-je obligé d'y ajouter foi par cela même, sans preuve et sans examen ? — Non, dit l'abbé; on ne peut être obligé de recevoir ainsi, en fait de merveilleux, tout ce qui se débite. — Je suis donc en droit, reprit le théologien, quand il se répand quelque fait pareil, d'attendre, pour le croire, qu'il soit prouvé et avéré. — D'accord, répondit l'abbé. — Tant qu'il n'est point prouvé et avéré, je ne suis donc point obligé de le croire. — *L'abbé.* C'est évident. — *Le théologien.* Ce ne serait donc point à moi, rigoureusement parlant, de me mettre en frais de démonstration pour renverser la réalité du prétendu nouveau prodige; mais c'est à ceux qui avancent le fait de l'établir sur des preuves incontestables, s'ils veulent que je le croie. Quant à moi (et je représente ici le public), il me suffit donc que le prodige ne soit pas incontestable, pour être pleinement autorisé à n'y avoir aucun égard. — Cela me paraît raisonnable, dit l'abbé. — Vous êtes donc obligé de convenir, dit alors le théologien, qu'il ne serait pas nécessaire, à la rigueur, que nous allassions jusqu'à démontrer positivement la supercherie ou la superstition du miracle de la Salette ; puisque, au contraire, c'est aux prôneurs de ce fait de démontrer que les enfants ont réellement vu et entendu ce qu'on dit, et que le discours prêté à la sainte Vierge a été réellement prononcé par elle, et non pas par quelque adroit personnage ou par le démon.

V. J'avoue, dit alors l'abbé, que s'il y a des raisons de douter du témoignage des enfants ou de l'esprit qui leur a parlé, nous ne sommes pas obligés de *recevoir* l'apparition de la Salette ; mais vos inductions ne prouvent pas que nous soyons obligés de la *rejeter*. — Il paraît, reprit le théologien, qu'on ne vous a pas fort enseigné à réfléchir. Ne voyez-vous pas le préjudice que vous portez à la religion, en prêchant des miracles et des prodiges que personne n'est obligé de croire, et avec lesquels chacun est en droit de vous envoyer vous promener? Ne voyez-vous pas tout ce que vous ôtez au respect dû aux révélations de Dieu, en donnant comme révélation de Dieu ce qu'il est bien entendu que personne n'est tenu de recevoir que comme des contes? C'est là autoriser l'impiété des incrédules et attirer les blasphèmes sur tout ce que la religion nous annonce comme révélé. Or, monsieur, cela est-il permis? On a reconnu de tout temps ce préjudice que porte à la religion l'introduction de révélations et de miracles dénués de certitude (1); toujours on a jugé qu'il y a dans de semblables indiscrétions un abus très-blâmable. De là, la défense portée par le concile de Trente de recevoir de nouveaux miracles sans de solides précautions; de là, l'obligation imposée par le même concile aux évêques, dans le chapitre qui traite du purgatoire, de ne laisser prêcher ni divulguer parmi les fidèles rien *d'incertain ou qui ait des apparences de fausseté;* de là, les canons des autres conciles statuant expressément qu'il ne

(1) *Grat. Distinct. XV,* c. 3 : *Sancta romana.*

doit jamais être question en chaire *d'histoires qui paraissent fabuleuses*, ni de miracles légèrement avancés *qui ne soient pas écrits dans les livres saints ou transmis par des écrivains graves avec toute la foi historique* (1). Est-il permis de désobéir à ces lois?

VI. Il suffirait donc, monsieur, pour que nous dussions rejeter le miracle de la Salette, je veux dire surtout ne le point admettre dans l'Eglise, ne le point prêcher, qu'il fût seulement suspect de superstition, ou que le fait n'en fût point d'une pleine certitude ; en convenez-vous? Notre abbé, après quelques hésitations et quelques faux-fuyants inutiles, finit par dire : Je ne puis en disconvenir. — Il ne reste donc plus qu'à examiner, dit alors le théologien, et à nous résoudre, d'après ces règles convenues ; mais, comme nous avons beaucoup discuté aujourd'hui, si vous le trouvez bon, nous renverrons à demain la suite de notre conférence. — Nous acceptâmes très-volontiers.

(1) 1 Conc. de Colog., 1836.

TROISIÈME ENTRETIEN.

De la valeur des deux témoignages sur lesquels repose la foi du miracle de la Salette.

LE THÉOLOGIEN, L'ABBÉ.

I. Le lendemain, quand nous fûmes réunis, le théologien ouvrit ainsi la conférence : « D'après les rapports qu'on en a faits, l'apparition de la Salette aurait eu lieu le 19 septembre 1846, dans un endroit solitaire, en présence seulement de deux enfants de la campagne occupés à garder des troupeaux : l'un, garçon : Pierre-Maximin Giraud, né à Corps, le 27 août 1835; et l'autre, fille : Françoise-Mélanie Mathieu, née au même village, le 7 novembre 1831. Celle-ci avait donc quatorze ans, dix mois et douze jours, et celui-là onze ans et une vingtaine de jours. » — Est-ce cela, monsieur, dit-il, en achevant, au jeune abbé? — Oui, répondit celui-ci, je le crois, quoique, à dire vrai, je n'aie jamais regardé de si près aux dates et à l'âge des enfants. — Vous avez peut-être eu tort, répartit notre critique; vous verrez du moins que ces circonstances ne sont pas inutiles à remarquer.

II. Quand nous discutons la certitude du fait de la Salette, c'est de la certitude publique et juridique qu'il est question principalement. C'est seulement sur une telle certitude qu'un miracle peut être proposé publiquement à l'édification, et qu'il a des droits à notre attention, à notre respect et à notre croyance. Or, monsieur, cette certitude dont nous parlons est une certitude de témoignage : elle a donc besoin d'avoir pour base des témoignages auxquels il ne manque rien, non-seulement de ce que réclame la raison, mais même de ce qu'exige le droit positif. Eh bien! monsieur, d'après ces principes, le fait de la Salette ne sera jamais un fait certain.

III. Mais quoi, dit l'abbé, le fait n'a-t-il pas eu ses deux témoins? combien donc en fallait-il? — Prenez garde, répliqua le théologien; il ne suffit pas ici de compter, il faut encore examiner les témoins et peser les témoignages. Faites bien attention, s'il vous plaît, que tout miracle est un fait très-grave, et que, quand il s'agit du miracle d'une révélation divine, d'un message visible envoyé du haut du ciel sur la terre par le Tout-Puissant, pour expliquer ses volontés au genre humain, il ne s'agit point d'un jouet d'enfants ou d'un amusement de femmes. C'est beaucoup certainement d'accorder qu'il ne faille pas, pour assurer un évènement de cette importance, plus de force et de solennité de témoignages que pour établir un fait où il s'agirait seulement de la condamnation d'un accusé. Eh bien! voici d'abord ce que dit l'Ecriture : « Un seul témoin ne suffira point contre » quelqu'un, quelle que soit la faute ou le » crime dont on l'accuse; mais tout passera » pour constant sur la déposition de deux ou » trois témoins (1). » La loi ecclésiastique, venant ensuite et réglant la pratique de cette loi d'après l'équité naturelle, la coutume et le sentiment de toutes les nations, d'après la loi divine elle-même, définit les conditions exigées dans les témoins pour une déposition valable. Entre ces conditions, en voici deux remarquables : 1° Que l'Eglise ne recevra point de témoignage sans la foi du serment; 2° que les enfants sont inhabiles à prêter serment devant

____

(1) Deut., XIX, 16. Matth., XVIII, 16. 2 Cor., XIII, 1.

l'Eglise, pour servir au témoignage, avant l'âge de 14 ans accomplis (1).

IV. D'après ces dispositions, le fait de la Salette avait, il est vrai, à la rigueur, un témoin, puisque la jeune fille avait absolument les quatorze ans voulus par le droit canon ; mais ce fait n'avait qu'un témoin qui ne pouvait suffire, comme nous venons de le voir, puisque le jeune garçon n'avait encore atteint que sa onzième année.

V. Le fait de la Salette, circonstancié ainsi, a donc manqué, dès l'origine, du fondement nécessaire à cette certitude sans laquelle un fait semblable ne peut être ni reçu ni proposé. Il était tel, — d'après le rapport lui-même sur lequel on l'a approuvé (2), — que l'autorité diocésaine, si elle eût voulu suivre la règle canonique, comme elle y était tenue, ne pouvait même songer à le constater. Voyez, M. l'abbé, si vous trouvez là à contredire.

VI. Monsieur, dit l'abbé, je n'avais jamais poussé mes réflexions si avant, et je ne puis

____

(1) *Grat.*, c. 4, q. 2, cap. 51 et 52. *Nuper, venerabilis.*
(2) Rapport de M. Rousselot, in-12 ; au grand séminaire de Grenoble, chez l'auteur.

nier qu'elles ne me paraissent solides. Néanmoins, j'ai encore, en cet endroit, une objection à vous opposer; la voici : Depuis que le fait s'est passé, les enfants ont mis de l'âge; or, qui empêche qu'ils n'aient pu, plus tard, quand ils ont eu l'âge de prêter serment, certifier le fait par un témoignage canonique? — Impossible, monsieur, répliqua le théologien; l'incertitude du témoignage des impubères est inhérente à la faiblesse d'esprit et au peu de maturité de jugement qui sont dans la condition de cet âge. Pour cette raison, on ne peut être certain qu'ils aient vu et entendu ce qu'ils disent et ce qu'ils jureraient même, à cet âge, avoir vu et entendu. Ils n'en sont point certains eux-mêmes, et, loin que l'âge leur apporte une plus grande certitude des faits dont ils ont été témoins dans leur enfance, au contraire, il la diminue plutôt. Il n'y a personne qui ne sache, par expérience, qu'à mesure que nous avançons en âge nous sentons se brouiller en nous les souvenirs de ce qui nous est arrivé étant enfants. Si cela est vrai à l'égard des faits matériels, que ne doit-ce pas être à l'égard d'un fait merveilleux?

VII. D'ailleurs, monsieur, il y a encore ici

d'autres circonstances particulières. Aussitôt après l'apparition supposée, la jeune fille a été recueillie dans un couvent, et dans une communauté qu'on a formée là pour l'utilité d'un pèlerinage qui s'y est établi ; le jeune garçon a été aussi mis dans un petit séminaire. L'un et l'autre s'est vu par là élevé au-dessus de sa condition ; et il n'y a point de doute qu'ils ne se soient trouvés en toute manière très-engagés à ne pas infirmer leur première déposition, sur laquelle se sont accumulés tant d'intérêts.

VIII. Malgré cela, il n'a pas laissé de se répandre dans le temps, — et les journaux, soit à Paris, soit sur les lieux, l'ont assuré, — que Maximin Giraud, devenu jeune homme, et pressé par sa conscience, avait un beau jour déclaré à M. le curé d'Arts qu'il n'était point vrai qu'il eût jamais vu l'apparition. Ce fut même à cette occasion qu'on vit deux ou trois évêques de la contrée décliner, par lettres imprimées dans les feuilles publiques, toute participation à la croyance du miracle de la Salette, et au crédit dont ce miracle avait joui jusque-là.

IX. Enfin, monsieur, il ne faut point taire, — quoique cela ne fasse pas trop d'honneur à notre corps, — qu'à l'époque dont nous venons de parler, il se disait en même temps que le pèlerinage de la Salette, fondé sur un miracle si ébranlé, n'en avait pas moins déjà produit de fort belles sommes ; et la presse en faisait grand bruit. La question en était au point qu'on paraissait se trouver entre ces deux nécessités : ou d'abandonner le miracle avec le pèlerinage, et de restituer au public l'argent perçu ; ou, pour n'être pas obligé de rendre l'argent, d'approuver le miracle. C'est ce dernier parti qu'on prit.

Je vous demande, M. l'abbé, s'il y a dans tout cela de quoi porter des gens sérieux à juger que l'apparition de la Salette est un fait certain ; et si, au contraire, tout n'y est pas très-propre à le faire révoquer en doute ?

— *L'abbé.* Je vous avoue que je commence moi-même à en douter. — Comme nous trouvâmes que l'entretien avait assez duré pour ce jour-là, nous nous séparâmes ; et il demeura convenu qu'on discuterait, à la prochaine conférence, le discours prêté à la sainte Vierge par les prôneurs de l'apparition.

RÉFLEXIONS.

Du triste état de l'Eglise en France.

LE SECRÉTAIRE.

1. En attendant, quant à moi (mon cœur me presse ici de le dire), je ne pouvais m'empêcher de m'attrister. Je me sentais ému jusqu'aux larmes, en voyant la gravité, la noblesse, la grandeur du culte catholique ainsi dégradée et déshonorée, même jusqu'au sein de la France. Hélas ! il est donc vrai, me disais-je, qu'en France même enfin, comme en Italie, on bâtit des chapelles, on établit des fêtes et des cérémonies de religion sur de fausses apparitions, sur des fables d'enfants et des contes de femmes ; et cela, à quelle fin ? — Pour faire un vain bruit, attirer du monde et faire venir de l'argent. Où est, je ne dis pas la gravité, la religion ; mais où est la conscience, la probité de nos pères ?

Comment en un plomb vil l'or pur s'est-il changé (RAC) ?

Faut-il qu'après les torrents de science ecclésiastique qui ont coulé, chez nous principalement, durant tous les dix-septième et dix-huitième siècles, le jour ait si vite fait place à la nuit! O Eglise de France, ô Eglise infidèle à la vérité! les catastrophes temporelles n'ont pas suffi pour te faire ouvrir les yeux : voilà pourquoi Dieu t'inflige enfin le plus terrible de ses châtiments : il te livre aux maîtres ignorants, aux pasteurs mercenaires, aux chiens muets, aux sentinelles endormies, aux guides aveugles. Tu veux revenir au moyen-âge : cesse tes efforts; tu y es déjà beaucoup plus que tu ne penses : tu y es par la crasse ignorance d'un grand nombre de tes prêtres et de tes prélats. Tu voudrais refleurir, recueillir tes enfants, ou du moins les retenir et empêcher qu'ils ne te délaissent; et pour cela, que fais-tu? —— Tu t'appliques à frapper leurs sens par la richesse de tes temples et de tes autels, par le charme de la musique, par l'éclat d'un cérémonial tout extérieur; tu accordes à leur cœur les relâchements successifs de toutes les règles de ta discipline et de la morale de Jésus-Christ; tu amuses leur esprit par une chaîne continue de nouvelles pratiques et de curieuses superstitions. Ah! tu te trompes; cela n'est pas selon la science et l'esprit de Dieu; cela ne peut que te conduire à ta perte. Tout le fruit que tu recueilleras de cette politique, de cette prudence du siècle, c'est un plus grand dépérissement de la foi, le triomphe de l'hérésie, et les dérisions des incrédules.

QUATRIÈME ENTRETIEN.

Quand Dieu fait des miracles, il les appuie sur de meilleurs témoignages. Examen d'une partie du discours attribué à la sainte Vierge. Réflexions morales.

LE THÉOLOGIEN, L'ABBÉ.

I. *Le théologien.* Le seul défaut d'âge des deux enfants, et la faiblesse de leur témoignage, sur lequel repose pourtant tout entière la créance du fait de la Salette, suffisent donc (nous l'avons vu) pour renfermer à jamais ce fait dans le cercle du doute, et, par conséquent, pour le ruiner. Or, je veux vous faire remarquer, avant de passer outre, que cette même circonstance est encore une preuve de ce que l'apparition, — si tant est qu'il y ait eu une apparition, — ne vient pas de Dieu. — Encore, dit l'abbé ; comment donc cela ?

Le théologien. Pensez-vous que les apôtres fussent jamais parvenus à établir la foi de la résurrection de Jésus-Christ, s'ils n'en eussent pu fournir d'autres preuves que le récit de deux enfants de la campagne ? Y seraient-ils jamais parvenus, s'ils n'avaient eu pour le persuader que la parole d'un petit garçon de onze ans et d'une petite fille du jardinier du Calvaire, par exemple, qui auraient raconté avoir vu, en apparition, une seule fois, Jésus-Christ ressuscité, comme les enfants de la Salette ont raconté avoir vu la sainte Vierge ? Voyez : les apôtres se montrèrent incrédules au témoignage des saintes femmes, quoique celles-ci assurassent avoir vu Jésus-Christ, avoir parlé avec lui, l'avoir touché. Ce témoignage était pourtant, — vous l'avouerez, — d'un tout autre poids que celui des enfants de la Salette. Les saintes femmes étaient au nombre de trois au moins ; toutes d'un âge mûr ; toutes personnes d'un grand sérieux, d'une probité éprouvée, et instruites de la religion à l'école de Jésus-Christ. Cela n'empêcha pas les apôtres de craindre qu'elles ne fussent peut-être les dupes de leur imagination. Croyez-vous que le miracle de la résurrection de Lazare eût encore fort ému les pharisiens, les princes des prêtres et les anciens des Juifs, s'il n'en eût paru d'autres preuves que le bruit d'une courte et passagère apparition du mort aux yeux de deux enfants de la campagne, tout seuls au milieu d'un bois ?

II. Vraiment, monsieur, quand Dieu fait des miracles, il les fait mieux assurés que cela ; et quand il daigne se révéler sensiblement pour annoncer aux hommes les secrets de ses desseins, il entoure ses révélations de circonstances un peu plus irrécusables. J'en appelle à toutes les apparitions et à toutes les révélations contenues, soit dans l'Ancien, soit dans le Nouveau-Testament.

— Cela est vrai, dit l'abbé ; les apparitions et les révélations rapportées dans les Ecritures sont toutes enfin bien assurées. A les regarder de près, elles sont toutes, et toujours, précédées, accompagnées, ou suivies de circonstances qui les rendent irrécusables, pour une raison éclairée et sans préjugés. Je l'avoue, elles sont bien différentes en cela de celle de la Salette.

III. Je dois, ajouta-t-il, vous avouer encore, monsieur, que, dès notre dernier entretien, j'ai commencé à comprendre que je vous avais mal jugé. Je vois maintenant que ce n'est pas par un esprit de contradiction hostile au culte de la sainte Vierge, que vous faites opposition au fait de la Salette ; mais par un zèle plus éclairé et plus élevé que n'était le mien, et que n'est celui de tant de gens qui aiment un peu trop, il faut en convenir, à passer pour de grands dévots. J'entre désormais dans vos vues. Hâtons-nous de discuter le fond même de l'apparition et du discours prêté à la sainte Vierge.

IV. Le théologien commença ainsi :

— Les enfants, suivant la relation, virent tout-à-coup une dame ; et cette dame, disent-ils, était assise, avait les mains à la figure, et pleurait amèrement (1). Pensez-vous, M. l'abbé, que, si les enfants ont réellement vu cette dame, cette dame ait pu être la sainte Vierge (2) ? — J'en doute fort maintenant, répondit l'abbé. Je n'aime pas à voir la sainte Vierge verser des larmes en cachant son visage dans ses mains. — Je le crois bien, continua notre critique : c'est renverser toutes les idées que l'Evangile nous donne du bonheur des saints dans le paradis. La sainte Vierge pleurer ! La sainte Vierge n'est donc pas heureuse ; car quiconque pleure n'est pas heureux. Les saints pleurent pendant cette vie ; mais au-delà

(1) Rousselot, *Rap.*, p. 38, 54, 64 et 189.
(2) Voyez la note du chapitre additionnel.

de cette vie, ils ne pleurent plus. A la mort,
Dieu essuie leurs larmes et les console pour
toujours : à partir de ce moment, leur joie est
à jamais inaltérable. Une fois au ciel, il n'y a
plus pour eux ni deuil ni tristesse : rien ne
peut plus leur survenir de fâcheux ; et, quelque
malheur qu'il arrive ailleurs, dans l'enfer ou sur
la terre, leur cœur ne peut plus en être troublé.
Voilà, M. l'abbé, — vous le savez tout comme
moi, — les idées que la foi nous donne. Il est
donc fort à soupçonner que cette belle scène
tragique, où l'on commence par représenter la
sainte Vierge en pleurs, n'est qu'une espièglerie
jouée, à l'instigation de quelqu'un, par les
deux petits ignorants de la Salette. Elle n'est
qu'un misérable charlatanisme dans ceux qui
l'exploitent pour intéresser les fidèles et en
obtenir de l'argent (1).

V. Ecoutons maintenant le discours qu'on
met dans la bouche de cette dame qui pleurait :
« Si mon peuple ne veut pas se soumettre, je
» suis forcée de laisser aller la main de mon
» fils (2). » Ou, selon une autre relation : « Si

(1) Voyez *Un Sanctuaire à Marie*, p. 72, 74, 75, 76, 77,
86, 87.
(2) Relation de M. l'abbé Rousselot dans son *Rapport*.

» mon peuple ne veut pas se convertir, je suis
» forcée de laisser tomber le bras de mon
» fils : il est si fort et si pesant que je ne
» puis plus le soutenir. Jamais vous ne pour-
» rez reconnaître ma sollicitude pour vous.
» Pour que mon fils ne vous abandonne pas,
» il faut que je prie sans cesse ; mais vous n'en
» êtes pas meilleurs (1). » La dernière phrase
se lit comme il suit, dans une autre relation
du même temps : « Jamais vous ne pourrez
» reconnaître les peines que j'ai prises pour
» vous. Si je veux que mon fils ne vous aban-
» donne pas, il faut que je prie beaucoup ;
» mais vous n'en faites pas de cas (2). » Ici
toute équivoque cesse : vous le voyez, M. l'abbé,
c'est bien évidemment la sainte Vierge qu'on a
voulu faire parler.

VI. — Il est impossible de s'y méprendre,
dit celui-ci ; mais quoi de plus absurde qu'un
tel discours ? Ainsi, la prière serait pour la
sainte Vierge un exercice fatigant, et cela,
dans le ciel même. La prière serait pour la

(1) Relation imprimée à Toulouse, en 1846, l'année même
de l'apparition, chez Lagarrigue, 7, rue des Balances.
(2) Montauban, place de l'Horloge, chez Forestier.

sainte Vierge, même au ciel, un exercice où
elle trouve la plus grande peine; une peine
dont elle vient se plaindre sur la terre en ver-
sant des larmes et en déplorant son sort (1).
En vérité, si les préjugés ne m'eussent empêché
dans le principe de donner quelque attention
au fond des choses, si j'eusse seulement lu ce
discours, je ne conçois pas que j'eusse pu croire
un instant à une fable si insensée. Je vous
avoue qu'aujourd'hui j'en suis couvert de confusion.

VII. — Ce n'est pas tout, monsieur, reprit
le théologien; ce discours renferme bien d'autres vices. Remarquez d'abord qu'on fait parler
la sainte Vierge, comme si, hormis elle, personne plus ne prenait dans le ciel intérêt aux
hommes, ou qu'elle fût la seule à arrêter, par
ses efforts et ses prières, les châtiments dus à
leurs péchés. A ce compte, que feraient tous les
autres saints dans le ciel? Ils y seraient comme
des statues : ou bien, leurs prières y seraient

____

(1) « Depuis le temps que je *souffre* pour vous autres, si je
» veux..... vous aurez beau prier, beau faire, jamais vous ne
» pourrez récompenser *la peine que j'ai prise pour vous au-*
» *tres* » (*Un Sanctuaire à Marie*, p. 10 et 72. Rousselot,
Rap., p. 54, 61, 65).

inutiles ; et Dieu n'aurait pas le moindre égard à leurs hommages et à leurs vœux. Alors, à quoi bon les invoquer ? Les prières des justes sur la terre seraient, sans doute, plus inutiles encore : celles mêmes de toute l'Eglise réunie se réduiraient, par force, à de pures cérémonies sans aucune efficacité. Voilà comment, sous prétexte d'élever la sainte Vierge, on plonge tout dans la confusion.

VIII. Selon la foi catholique, toute intercession des saints dans le ciel s'adresse à Dieu, par Jésus-Christ ; et toute grâce qui s'y obtient à l'aide de leur crédit et de leurs prières, s'y obtient de Dieu par Jésus-Christ (1) ; d'après l'apparition de la Salette cette foi serait encore anéantie. En effet, la sainte Vierge fait si bien valoir ses services, dans cette apparition, qu'elle s'attribue, non-seulement au préjudice de tous les saints et de tous les anges, mais au préjudice de Jésus-Christ même, tout ce qui arrive de bien aux hommes, ou tout ce qui ne leur vient pas de mal pour leurs péchés. D'après cette apparition, la sainte Vierge obtiendrait dans le ciel immédiatement par elle-même ; elle

____

(1) *Concil. trid.*, § 25., *de invoc.*

ferait par elle-même; elle serait dans le ciel tellement maîtresse, que tout y serait subordonné à sa volonté, même celle de Jésus-Christ et celle de Dieu (1).

IX. Remarquez ensuite que, dans cette doléance de la sainte Vierge sur les péchés des hommes, il n'est point du tout question du Père céleste, du Très-Haut, du Tout-Puissant, du Créateur. Est-ce que le péché ne blesserait que l'honneur du fils; ou bien, la sainte Vierge n'aurait-elle nul souci de l'honneur du père? Mais que dis-je? on ne donne à la sainte Vierge de souci pour d'autre honneur que pour le sien propre; car si elle se plaint des outrages faits à Jésus-Christ, sans jamais parler de son Père, ce n'est pas parce que ces outrages s'attaquent à Jésus-Christ, ou parce que Jésus-Christ est Dieu, mais parce qu'il est son fils; c'est-à-dire que ce n'est pas pour Dieu, ni pour Jésus-Christ qu'elle y est sensible, mais pour elle-même. Enfin, on fait ouvertement parler la sainte Vierge comme si elle était égale à Dieu, ou comme si elle-même était Dieu : « Si *mon peuple* ne veut point se soumet-

____

(1) Voyez *Un Sanctuaire à Marie*, p. 74.

» tre, etc. » Cette expression : « Mon peuple, » est réservée à Dieu et à Jésus-Christ dans les saintes Ecritures, et elle ne peut convenir qu'à Dieu et qu'à Jésus-Christ.

X. Enfin, cette apparition nous représente Jésus-Christ dans le ciel armé de foudres, enflammé de colère, tenant levé contre nous son bras vengeur, et impatient de nous écraser, s'il n'était retenu par la sainte Vierge, plus miséricordieuse que lui (1). Pensée fausse et impie! La foi nous enseigne, au contraire, que l'office de Jésus-Christ dans le ciel, en attendant le jugement, consiste à être constamment, auprès de Dieu, notre Médiateur, notre intercesseur, notre avocat, notre prêtre, notre victime. Et pourquoi donc disons-nous tous les jours la messe, s'il en est autrement? D'ailleurs, écoutons l'Ecriture : « Mes chers » enfants, dit saint Jean, je vous écris ceci » afin que vous ne péchiez pas. Si néanmoins » quelqu'un pèche, nous avons pour avocat » envers le Père, Jésus-Christ qui est juste (2). » On peut encore lire ce que dit saint Paul aux

(1) Voyez *Un Sanctuaire à Marie*, p. 71.
(2) 1 *Joan.*, II, 2.

Hébreux, chap. VII, et la prose et l'hymne de vêpres de l'Ascension dans le rit parisien, si on veut voir très-évidemment combien la doctrine de la Salette est contraire à la doctrine de l'Eglise.

XI. Eh bien ! M. l'abbé, comprenez-vous maintenant qu'une apparition, comme celle de la Salette, dont le but est de faire perdre aux chrétiens la confiance qu'ils doivent avoir en la miséricorde et en l'intercession *du seul médiateur entre Dieu et les hommes, Jésus-Christ homme* (1); comprenez-vous qu'une apparition qui chasse Jésus-Christ du trône de la bonté infinie, de la souveraine intercession et de la grâce, pour y faire monter et régner seule la sainte Vierge, ne peut, si elle n'est fabriquée, venir que du fond de l'enfer? La sainte Vierge peut être saluée avec raison et à sa manière du titre de *Mère de la Miséricorde*, nous ne le nions pas ; mais Dieu nous garde d'oublier la différence qu'il y a entre lui et sa créature.

La charité de la sainte Vierge n'est que la charité d'une créature, qu'une charité reçue en don, qu'une charité de grâce gratuite, comme

____

(1) 1 *ad Tim.*, II. *Concil. trid.*, § 25, *de invoc.*

elle l'est en nous, si nous sommes saints; et il en est de même de son intercession : toute l'efficace en est fondée premièrement sur la volonté de Dieu : c'est cette volonté qui la suscite et lui sert de règle.

— Vous avez raison, monsieur, dit l'abbé; il n'y a que quelques femmes et des enfants ignorants qui aient pu faire tenir un tel discours à la sainte Vierge. S'il y avait eu apparition, il n'y aurait vraiment que le diable qui eût pu apparaître pour venir ainsi détruire la confiance en l'intercession et en la médiation de Jésus-Christ.

XII. — Vous allez voir, ajouta le théologien, quelque chose encore de plus étrange; car voici la continuation du discours : « Je vous » ai donné six jours pour travailler; je me » suis réservé le septième; on ne veut pas » me l'accorder, c'est çà qui appesantit tant le » bras de mon fils (1). »

Quel homme instruit ne rira de voir la loi du Décalogue attribuée à la sainte Vierge? Si c'est sérieusement qu'on parle ainsi, c'est prêcher ouvertement que la sainte Vierge est Dieu,

____

(1) Relat. de M. l'abbé Rousselot, p. 54 et 65.

et qu'il n'y a d'autre Dieu qu'elle. Elle ne peut être dès-lors autre que le Père éternel, qui sera venu sans doute, dans le temps, s'incarner et se faire femme en la personne de la sainte Vierge. Est-ce ainsi que le comprennent nos dévots du jour? Il est vrai qu'en ce cas il n'y a plus à s'étonner de les entendre dire tout ce qu'ils disent de la sainte Vierge ; alors, en effet, tout ce qu'ils prêchent et tout ce qu'ils chantent est fort naturel : principalement l'Immaculée Conception. Mais certes, c'est bien ainsi qu'ils doivent l'entendre, s'ils parlent sérieusement ; car enfin, voici comment se fait connaître à nous, dans l'Ecriture, celui qui s'est réservé le septième jour : « Le Seigneur parla de
» cette sorte : Je suis le Seigneur votre Dieu,
» qui vous ai tirés de l'Egypte, de la maison de
» servitude. Vous n'adorerez point d'autre Dieu
» que moi.... Vous travaillerez durant six jours,
» et vous y ferez tout ce que vous aurez à faire ;
» mais le septième jour est le jour du repos
» consacré au Seigneur votre Dieu : vous ne
» ferez en ce jour aucun ouvrage, etc. (1). » La sainte Vierge ne peut pas mentir certainement ;

____

(1) Exode, **XX**, 1 , 9, 10, 11.

si donc, étant descendue de nos jours à la Salette, comme sur un nouveau Sinaï (1), elle a
proclamé que c'est elle-même, de sa propre
voix, « qui a autrefois donné aux hommes six
» jours pour travailler et s'est réservé le sep-
» tième, » il faut nécessairement que la sainte
Vierge et le Dieu qui parla autrefois sur le
Sinaï ne soient qu'un et même Dieu.

XIII. — Oh! monsieur, dit l'abbé, un pareil
délire est-il croyable? — Il est si croyable
qu'il est bien réel. C'est M. l'abbé Rousselot,
un prêtre, un vicaire-général, qui a publié la
relation en ces termes, et qui en répond.
Personne n'en a réclamé, ni ceux qui honorent
Notre-Dame de la Salette, ni les deux enfants,
maintenant plus qu'adultes; ni ceux qui ont
recueilli leur déposition, ni ceux qui ont
approuvé la révélation et permis d'en faire un
objet de culte public. Tous ceux-là donc admet-
tent et croient, avec les conséquences qui s'en
suivent, que ces paroles sont sorties de la bou-

____

(1) C'est l'idée chérie de M. Rousselot : « Cette montagne
» peut être appelée avec raison le lieu de la nouvelle promulga-
» tion de l'Evangile (*Un Sanctuaire à Marie*, p. 30). » On
aurait mieux fait de dire : « Le lieu de la promulgation d'un
» nouvel Evangile. »

che de la sainte Vierge, sur le nouveau Sinaï de la Salette : « Je vous ai donné six jours » pour travailler ; je me suis réservé le sep- » tième ; on ne veut pas me l'accorder. C'est » ce qui appesantit le bras de mon fils. » — Eh bien ! dit l'abbé, c'est une absurdité, c'est une extravagance, c'est une idolâtrie.

XIV. — Voici, dit alors le théologien, la continuation du discours, selon la relation de M. l'abbé Rousselot : « Ceux qui mènent les » charrettes ne savent pas jurer sans y mettre » le nom de mon fils. » (Sans cette circon-stance, sans doute, leurs plus grands jurements passeraient pour pardonnables.)

« Si la récolte se gâte, ce n'est rien qu'à » cause de vous autres.

» Je vous l'ai fait voir l'année dernière par » les pommes de terre ; vous n'en avez pas » fait cas. » (Ainsi, c'est la sainte Vierge qui ordonne ou même crée les fléaux.) « Au con- » traire, quand vous en trouviez de gâtées, » vous juriez et vous mettiez le nom de mon » Fils. »

XV. Que dites-vous de ce passage, M. l'abbé ?

— *L'abbé*. Chaque mot est une erreur ou une ineptie. Mais, de plus, quel grossier français ne fait-on pas parler à la sainte Vierge? — Prenez garde, dit le théologien, les premières relations qui ont paru au commencement étaient d'un style beaucoup plus poli : par exemple, celle de Toulouse. Mais cette élégance du discours prêté à la sainte Vierge se sera sans doute trouvée un inconvénient, parce qu'il était évident que deux enfants de la campagne, qui ne savaient parler la langue française et ne l'entendaient même pas, n'avaient pu rendre de mémoire, en si beau style, un long discours entendu.

XVI. Quoi qu'il en soit, continua l'abbé, voilà donc, d'après l'apparition, la cause de tous les malheurs publics qui fondent sur nous dans ces derniers temps : ces deux péchés : travailler le dimanche, et *mettre* dans les jurements le nom de..... — Non pas absolument, répondit le théologien; car les relations ajoutent que « la sainte Vierge se plaignait encore » de ce qu'on ne respectait pas les jours où » il est défendu de manger de la viande (1). »

(1) Relation imprimée à Toulouse. La relation de **M.** Rousselot met dans la bouche de la sainte Vierge ces paroles : « Le » carême, on va à la boucherie comme des chiens (p. 56). » Les chiens ont-ils donc coutume d'aller à la boucherie?

— En effet, dit l'abbé, je me souviens de l'avoir entendu dire au commencement; mais enfin, que vous en semble, monsieur; n'avez-vous rien à dire au sujet de ces trois péchés?

— Beaucoup, au contraire, répliqua le théologien. Quoi! ces trois péchés sont-ils donc les seuls qui se commettent de nos jours? sont-ils les plus griefs, les plus communs? Croyez-vous qu'un avertissement extraordinaire et exprès de Dieu, sur les crimes qui nous attirent les effets de son courroux et de sa justice, se fût borné à nous signaler ces trois péchés? Croyez-vous qu'il en eût passé sous silence des milliers d'autres dont la terre est aujourd'hui souillée; par exemple : les adultères, les fornications, et les autres actions de libertinage qui se commettent tous les jours partout, soit dans le mariage, soit dans le célibat; par exemple encore, les sacriléges; dans ce malheureux temps, — qui ne le sait? — tous les sacrements, depuis la confirmation jusqu'au mariage, ainsi que le très-saint sacrifice de l'autel, sont journellement profanés : on ne fait plus difficulté d'associer et de laisser associer l'impudicité et toutes les autres mauvaises habitudes avec la communion et avec la fré-

quente communion ; par exemple : les injustices de toute espèce ; les fraudes, les violences,
les oppressions , les tyrannies, les rapines ; et
entre celles-ci surtout : l'usure, ce crime si dé-
testé par les livres saints , et néanmoins de nos
jours si triomphant, que la plupart des prêtres
et des évêques, même le pape , lui ont rendu
les armes , et n'en reprennent plus les chrétiens ; par exemple enfin : les haines, les ven-
geances, les empoisonnements, les suicides ,
les infanticides, les homicides et les insurrec-
tions civiles, où se versent des flots de sang ?

XVII. Voilà certainement des crimes que la
sainte Vierge n'eût pas manqué de nous repro-
cher, si elle fût descendue, comme on le dit, à
la Salette. Qu'on lise les discours des anciens
prophètes, quand Dieu les envoyait pour re-
procher ses péchés à son peuple, et l'on verra
s'ils passaient sous silence les injustices, les
rapines, le sang versé et les excès contraires
aux mœurs. Cela seul suffirait pour prouver
que l'apparition de la Salette n'est qu'une superstition ou une fable.

XVIII. — Cela donne à penser, monsieur, dit
ici l'abbé, que ceux qui ont reçu ce discours,
prêté à la sainte Vierge, comme une révélation

divine, ne doivent pas être fort profonds en science théologique. Je vous demanderai ici ce que signifient ces paroles attribuées à la sainte Vierge : « Ne savent pas jurer sans *mettre le* » *nom de mon fils....* Vous juriez et vous met- » tiez le nom *de mon fils.* » Je ne comprends pas quel est ce nom, et de quel jurement on veut parler. Le nom de Notre-Seigneur est Jésus, selon cette parole de l'Ange : « Elle enfan- » tera un fils que vous appellerez Jésus (1); » ou bien, Christ, selon cette autre parole : « De laquelle est né Jésus qui est appelé » Christ (2); » ou bien, les deux réunis; ou bien enfin, le Fils de Dieu, d'après le mot de l'archange Gabriel : « Le *fruit* saint qui naîtra » de vous sera appelé le Fils de Dieu (3). » Je ne connais point de jurement usité où entre le nom de Jésus, ni le nom de Christ, ni le nom de Fils de Dieu. Ce péché, signalé par l'apparition de la Salette, ne serait-il pas un péché imaginaire ?

Le théologien. Je ne connais pas non plus de

(1) Matth., I, 21.
(2) Matth., I, 16.
(3) Luc, I, 35.

blasphème par le nom de **Notre-Seigneur**; y en aurait-il quelqu'un de ce genre en usage dans la contrée de la Salette, je l'ignore. Je pense, toutefois, qu'on aura voulu parler du SAINT NOM DE DIEU. Il n'est que trop vrai malheureusement, — vous le savez, — que ce saint nom est aujourd'hui partout horriblement profané. — Mais prenez garde, monsieur, dit l'abbé, la sainte Vierge n'a pas pu dire : *le nom de mon fils*, pour : LE SAINT NOM DE DIEU. — Certainement, répartit le théologien, elle n'a pas pu le dire ; aussi disons-nous bien que ce n'est pas elle qui l'a dit. J'ajoute que jamais on ne le lui eût attribué, si ceux qui l'ont fait avaient eu tant soit peu de théologie. Quand nous appelons la sainte Vierge MÈRE DE DIEU, nous restreignons le mot DIEU à une acception particulière, c'est-à-dire à l'une des trois personnes divines, et nous ne parlons qu'indirectement : nous voulons dire que la sainte Vierge est mère d'un fils qui est Dieu, ou de cet homme dont la personne est celle du fils de Dieu. Mais quand nous nommons DIEU absolument, comme quand nous disons : « Dieu est éternel et infini; le » saint nom de Dieu est blasphémé, » alors nous ne restreignons ni notre discours ni notre pensée à une seule personne, et nous ne parlons que de la nature divine; et ainsi, dire que la sainte Vierge est Mère de Dieu en ce sens-là, c'est dire que la sainte Vierge a donné la vie à la nature divine, à l'Être des êtres, à celui que nous croyons un Esprit éternel, tout-puissant, infiniment parfait; en un mot, à la Trinité incréée, Père, Fils et Saint-Esprit, un seul Dieu; et cela est une horrible hérésie. Eh bien! c'est l'abus où est tombé celui qui a fait parler la sainte Vierge, si, quand elle a dit : « Ils ne » savent pas jurer sans y mettre le nom *de* » *mon fils*, » il a voulu faire entendre par cette parole le blasphème du SAINT NOM DE DIEU tel qu'il se profère communément.

Nous sommes donc bien assurés que ce n'est pas la sainte Vierge qui a dit : « Ils ne savent » pas jurer sans y mettre *le nom de mon fils*, » désignant par là le SAINT NOM DE DIEU.

I. Croirait-on qu'il y ait de nos jours des chrétiens assez insensés, ou assez ignorants, ou assez imprudents pour appeler la sainte Vierge Mère de Dieu, au sens dont il est ici question. Cela n'est pourtant que trop réel depuis le miracle de la Salette. En voici les preuves :

II. *Sœur* MAYET, *supérieure des sœurs de la charité, à Clichy*, écrivant à une autre religieuse de la même congrégation, à Paris, lui raconte comment une fille, nommée *Jeanne Laurent*, est guérie miraculeusement par l'usage de quelques gouttes d'eau et d'un morceau de pierre de la Salette. Ensuite, venant aux maîtres de cette fille, elle dit : « Prions, Mère amie, pour que ce pro-» dige opère la conversion de cette famille si éloignée DE » DIEU ET DE SA SAINTE MÈRE (1). » Il est évident ici que le discours n'est pas restreint seulement à Dieu le Fils, mais qu'il comprend encore Dieu le Père. Par conséquent, dans la foi de cette *sœur*, la sainte Vierge n'est pas seulement *Mère de Dieu* le Fils en tant qu'homme, mais Mère du Père éternel et du Saint-Esprit.

C'est une supérieure de communauté qui s'exprime ainsi, en écrivant à une autre mère dans la capitale : N'est-il pas à craindre que cette grossière hérésie ne soit la foi commune de toute la communauté et de toute la congrégation de sœur *Mayet* ?

III. Voici encore le même langage dans la bouche d'une autre supérieure de communauté, et, s'il faut l'en croire, d'un évêque. L'une est Mme J. PINEAU, supérieure des sœurs hospitalières de Saint-Joseph, à Avignon ; et l'autre, Mgr de Prilly, évêque de Châlons. Cette dernière supérieure raconte aussi un miracle de guérison sur une de ses religieuses, au moyen de l'eau de la Salette, et s'exprime ainsi : « Elle entra à la salle de communauté » pour embrasser les sœurs ravies de cette merveille, » et recevoir la bénédiction de Mgr de Prilly ; ce saint » prélat l'exhorta à témoigner sa reconnaissance A DIEU » ET A SA DIVINE MÈRE (2). »

La même doctrine se lit dans un livret, approuvé par l'évêque de Grenoble, mis entre les mains des fidèles,

(1) Voyez M. Rousselot, *Rap.*, p. 151.
(2) *Id.*, *id.*, p. 108.

et vendu par les marchands d'objets dévots aux portes de toutes les églises : « A qui devons-nous ces bienfaits ? A » Dieu , sans doute ; mais A DIEU prié, sollicité, apaisé » par Marie, SA MÈRE et la nôtre (1). »

Enfin, la voici prêchée magistralement par un évêque. C'est Mgr l'évêque de Poitiers , dans son homélie du 8 décembre , rapportée par l'*Univers* (2). Ce prélat s'exprime ainsi : « Dieu lui-même et SA DIVINE MÈRE sembleront » nous révéler aussi, par ce grand évènement, leurs des- » seins de bonté et de miséricorde. » Et plus bas : « Les » pensées du cœur DE DIEU et du cœur de SA MÈRE se » révèlent donc à nous. »

Il est évident que ce langage fait la Vierge mère de la nature divine et égale à Dieu.

XIX. Je ferai aussi quelques remarques par rapport aux deux autres péchés. D'abord, le travail n'est pas ce qu'il y a de plus criminel dans l'inobservation du dimanche. Le travail n'est jamais mauvais en lui-même ; et on n'honore pas Dieu le dimanche, par cela seul qu'on s'abstient de travailler. La cessation du travail servile n'est pas ordonnée le dimanche comme fin , mais seulement comme moyen : afin que le chrétien puisse s'occuper tout entier au service de Dieu et aux bonnes œuvres. Ce qu'il y a de plus déréglé, le dimanche, c'est donc la négli-

(1) *Un sanctuaire à Marie*, p. 74.
(2) N° 6 mars 1855.

gence et l'omission du service de Dieu et des bonnes œuvres, en vue de quoi la cessation du travail est ordonnée ; c'est le péché surtout. Aussi saint Augustin disait-il qu'il y aurait moins de mal à travailler la terre toute la journée, le jour du sabbat, qu'à le passer à la danse.

XXI. Il faut conclure de là que, si Dieu nous avait envoyé la sainte Vierge pour nous faire annoncer ses justes et sévères jugements, il se serait moins plaint du travail du dimanche que des péchés par lesquels on viole ce jour réservé à son culte. Il se serait plaint des ivrogneries, des débauches, et des impuretés qui se commettent précisément ce jour-là ; des amusements mondains, par lesquels un nombre infini remplacent le travail : comme sont les danses, les bals, les jeux, les promenades publiques, les spectacles. Il se serait plaint de la négligence, de l'éloignement, du dédain de la masse des catholiques pour les œuvres d'adoration, de louanges, d'action de grâces, de prière, auxquelles le dimanche est destiné ; et enfin de ce que, sur le petit nombre même de ceux qui paraissent consacrer ce jour à son culte, tant ne le font qu'extérieurement, sans aucune

vraie dévotion, et seulement par bienséance,
par intérêt, par routine.

XXII. Venons maintenant aux transgres-
sions de la loi de l'abstinence. Quoique ce soit
là un péché fort opposé à l'esprit du christianisme, et fort préjudiciable au salut, puisqu'il
renferme un acte et même une espèce de profession d'impénitence, cependant, à propre-
ment parler, ce péché n'est contraire qu'à la loi
ecclésiastique. Il n'y a pas de doute que comme
tel, et en tant que violation de la discipline qui
impose l'abstinence des viandes tels et tels jours,
il ne soit de beaucoup moins grief que les péchés
contraires à la loi divine et à la loi naturelle.
C'est donc encore ici de la fausse théologie
qu'on a mise dans la bouche de la sainte
Vierge, quand on lui a fait dire que ce péché
est un des premiers qui allument le plus contre
nous le courroux de Dieu.

XXIII. Au reste, il y a ici un mot à dire aux
fidèles, aux prêtres et aux évêques qui font
profession de croire à l'apparition de la Salette, et témoignent en recevoir la révélation
avec une religieuse terreur. Vous croyez donc,
vous, fidèles, que tous les fléaux de Dieu
tombent sur nous parce *qu'on ne respecte pas les*

jours où il est défendu de manger de la viande ; mais vous-mêmes les respectez-vous ? N'est-il pas vrai que vous n'êtes pas toujours très-rigoureux observateurs du vendredi, du samedi, des rogations, des quatre-temps, du carême? Pourquoi ne jeûnez-vous pas exactement tous les jours de jeûne, conformément à la règle, comme on faisait dans les siècles précédents, c'est-à-dire en vous restreignant à un seul repas maigre, et sans rien prendre avant midi? Pourquoi demandez-vous ou acceptez-vous là-dessus des dispenses sans raison, et qui ne vous sauvent pas du péché? Ah! vous vous scandalisez de ceux qui ne croient pas à l'apparition de la Salette, et vous ne vous abstenez pas des péchés que cette apparition signale comme les plus énormes, et qui, selon votre croyance, font verser des larmes amères à la sainte Vierge, à la sainte Vierge *que vous aimez par-dessus tout !* « Hypocrites! ôtez donc premièrement la poutre de votre œil, avant de vous aviser de voir s'il y a une paille dans celui de votre frère (1). »

XXIV. Et vous, prêtres, et vous, évêques, qui

____

(1) Matth., VII, 5.

croyez aussi à la révélation de la Salette et aux larmes de la sainte Vierge, pourquoi dispensez-vous sans raison de l'abstinence de la viande, les jours de jeûne et les autres jours où le gras est défendu? Vous ne le voyez pas? Vous êtes la première et la plus grande cause du peu de cas que le monde fait aujourd'hui des commandements de l'Eglise. La facilité avec laquelle on vous en voit dispenser en toute occasion et pour des riens, persuade qu'il n'est question en tout cela que d'observances inutiles. Et, en effet, vit-on jamais les hommes raisonnables dispenser ainsi, facilement et sans raison, de devoirs regardés par eux comme importants? Cessez donc d'approuver le miracle de la Salette, ou montrez, par votre conduite, que vous croyez ce que vous approuvez. En tout cas, et en attendant, permettez qu'on vous applique la parole de notre Maître : « *Medice, cura te ipsum :* médecin, guérissez-vous vous-même (1). »

XXV. Vous, fidèles, qu'on voit se faire un mérite de vénérer, de publier, de défendre la vision de la Salette, vous êtes donc persuadés

(1) Luc, IV, 23.

que « ce qui appesantit sur nous *le bras de Jésus-Christ,* » c'est qu'on travaille le dimanche; mais pourquoi donc vous-mêmes travaillez-vous? Pourquoi faites-vous travailler les autres dans ces magasins, ces bureaux et ces ateliers? Vous vous montrez scandalisés de ce que tout le monde n'est pas, comme vous, touché de dévotion pour les reproches et les larmes de la Dame miraculeuse; vous criez à l'impiété contre quelques-uns, qui n'en ont pas été pour cela plus persuadés de l'obligation de cesser le travail les jours de fête, et vous-mêmes vous travaillez les dimanches tout comme eux et tout autant qu'eux! « Hypocrites! — permettez » qu'on vous le dise avec l'Evangile, — hypo- » crites, ôtez donc premièrement la poutre de » votre œil, et après cela vous verrez si vous » pouvez tirer la paille de l'œil de votre » frère (1). »

XXVI. Vous, prêtres, vous, évêques, qui croyez au miracle de la Salette, dites-nous : lorsque ces catholiques, qui travaillent et font travailler le dimanche, vont chez vous à confesse, pourquoi leur donnez-vous l'absolution,

_____

(1) Matth., VII, 5.

sans les obliger à se corriger? Vous participez par là à leur péché, sans aucun doute. Pourquoi les voit-on à la sainte table, malgré leur habitude scandaleuse?

Vons avez entre les mains des *théologies morales* qui enseignent que ce n'est point pécher contre le précepte de la sanctification des jours de fête, de les employer à pécher mortellement (1); que toutes les œuvres de religion commandées ces jours-là se réduisent à aller à une messe basse et à y assister de corps seulement, sans que l'esprit s'y occupe d'aucune pensée de la foi et que le cœur y produise aucune prière (2); enfin, qu'aucun acte de culte intérieur n'est nécessaire pour l'accomplissement du troisième précepte (3).

Ces dérisoires théologies enseignent qu'on peut se livrer tout le jour du dimanche au travail de la chasse et de la pêche; elles permettent de passer le dimanche en jeux et en voyages de plaisir; de charrier des vivres, des matériaux et des marchandises avec des charrettes et des animaux; de tenir des foires et

(1) Liguori, *de 3 præcep. dec.*, n. 273.
(2) *Id.*, n. 313.
(3) *Id.*, n. 264.

des marchés; d'acheter, de vendre, de louer, de passer des actes publics (1); elles permettent, à titre de légèreté de matière, de travailler à toutes œuvres serviles sans distinction, l'espace de deux heures et demie à trois heures, du moins sans péché grave (2); elles permettent à un homme, qui aurait beaucoup d'ouvriers, de faire travailler le dimanche toute la journée, moyennant la précaution ridicule que chacun ne travaille pas trop longtemps, plus de deux heures et demie, sans doute (3); enfin, elles permettent toute espèce de travaux, à titre de dispense, de charité ou d'utilité publique, pour mille raisons qui ne sont que des bagatelles, quand elles ne sont pas des péchés (4). Ces *théologies morales*, ou plutôt ces *théologies immorales*, vous les approuvez, vous les recommandez, vous les faites étudier, vous en comptez les auteurs au nombre des saints.

Ah! ne trouvez donc pas étrange si la plupart des chrétiens n'observent plus le dimanche, et ne croient plus à l'obligation de s'abste-

(1) Liguori, *de 3 præ.*, n. 275, 276, 278, 281, 282, 286.
(2) *Id.*, n. 305.
(3) *Id.*, n. 306.
(4) *Id.*, n. 293, 301, 304.

nir ce jour-là du travail : c'est vous qui en êtes
la cause. Vous ne laissez pas, sans doute, malgré cela, de bien faire quand vous prêchez la
sanctification du dimanche : vous ne faites que
remplir un devoir sacré, et vous manqueriez à
vos obligations si vous omettiez de le faire;
mais, prenez garde, plus vous montrez du zèle
en paroles, et plus vous vous exposez à être
soupçonnés de ne pas parler sérieusement et de
prêcher ce que vous ne croyez pas vous-mêmes.
Souffrez donc qu'on vous applique la parole de
Jésus-Christ : *Medice, cura te ipsum :* médecin,
guérissez-vous vous-même (1).

XXVII. Un mot seulement sur le troisième
péché. Vous croyez aux larmes de la sainte
Vierge et au discours de la Salette; vous croyez
donc que le blasphème qui déshonore Jésus-
Christ est un grand mal. Eh bien! voici pourtant comme en parlent vos *théologies morales :*
« Ce n'est pas blasphémer que de dire avec
» colère par une expression de fureur contre
» les hommes : *Corps de Dieu! sang de Dieu!*
» *Potte de Christ! je renonce à Dieu, si je ne*
» *vous tue!* » C'est votre casuiste révéré, votre

(1) Luc, IV, 2, 3.

casuiste à qui vous donnez le titre de saint, qui parle de la sorte. Tout cela, dit-il, n'est que péché véniel (1). D'où il suit qu'on peut donner l'absolution et la communion à un misérable qui a sans cesse ces paroles à la bouche, et qu'il peut même aller communier sans s'en confesser. Encore une fois : vous croyez au discours de la Dame de la Salette ; ah ! souffrez donc qu'on vous le dise : *Medice, cura te ipsum :* médecin, guérissez-vous vous-même.

XXVIII. Le théologien finit là son discours. — Il est vrai, dit alors l'abbé, qu'il y a là des contradictions risibles. Il faut avouer aussi qu'il serait bien à désirer qu'on rétablît parmi nous la discipline des canons. Vraiment, nous scandalisons les protestants. Tout en faisant profession de croire la nécessité des œuvres, qu'ils rejettent, il se trouve enfin que nous ne les pratiquons pas plus qu'eux. Monsieur, dit-il, êtes-vous bien aise de renvoyer la suite de notre entretien à une autre séance ? Soit, dit le théologien : il était en effet lui-même fort fatigué.

____

(1) Liguori, *de 2 præcep. dec.*, n. 124.

CINQUIÈME ENTRETIEN.

Preuves pour discerner les fausses révélations. Culte de la Vierge mal entendu. Enormes abus.

LE SECRÉTAIRE , L'ABBÉ.

I. Ce qu'on vient de lire se discuta un samedi. — Le mot d'ordre était pour le lundi suivant, et nous nous rencontrâmes ce jour-là, M. l'abbé X. et moi, chez notre théologien; mais celui-ci, par extraordinaire, s'était absenté de chez lui.

Je ne fus pas fâché de me trouver une fois tête à tête avec M. l'abbé X., pour causer avec lui de mes réflexions.

— M. l'abbé, lui dis-je, puisque aujourd'hui nous avons relâche, et que nous nous trouvons tous deux ici, voulez-vous permettre que nous nous entretenions un moment à l'occasion de ce qui a été discuté? — Oui, monsieur, me dit-il, je le veux bien; je suis à vos ordres : vous n'avez qu'à engager la conversation.

II. Vous voilà donc, lui dis-je alors, bien convaincu aujourd'hui de la fausseté de l'appa-

rition de la Salette? — Oui, me dit-il, réellement bien convaincu. Les discours extravagants
et pleins d'ignorance qu'on met dans la bouche
de la sainte Vierge sont, contre cette apparition, des preuves évidentes et positives. Je me
suis occupé hier à chercher, dans les livres de
la science ecclésiastique, les indices et les règles
fixes pour discerner les esprits, et juger des
révélations qu'on peut admettre et de celles
qu'il faut rejeter. Or, j'ai trouvé qu'une des
plus sûres marques d'un faux esprit de prophétie et d'illusion, dans les révélations, les visions,
les extases, est lorsque ce que dit l'esprit ré-
vélateur se trouve contraire à la saine raison,
à la saine morale et à la doctrine de l'Eglise
contenue dans l'Ecriture, et connue par l'enseignement de la tradition. Le consentement una-
nime enseigne, qu'à partir du temps des apôtres jusqu'à la fin du monde, ce n'est point par
des prophéties, des apparitions, des visions
nouvelles, qu'il faut juger de la doctrine; mais
que c'est par la doctrine reconnue et établie
qu'il faut juger de la vérité des prophéties,
des visions, des apparitions et des révélations
particulières. Cela est fondé sur le texte même
du grand Apôtre : « Quand nous vous annon-

» cerions nous-mêmes, ou quand un ange du
» ciel vous annoncerait un Evangile différent
» de celui que nous vous avons annoncé, qu'il
» soit anathème. Si quelqu'un vous annonce
» un Evangile différent de celui que vous
» avez reçu, qu'il soit anathème (1). » Par conséquent, une apparition où la sainte Vierge
vient nous parler à rebours des notions les
plus certaines de la morale, nous tenir un langage plein de suffisance et d'orgueil, s'attribuer
dans le ciel un pouvoir exclusif et universel,
se mettre à la place de Jésus-Christ, et se faire
égale, sinon supérieure à Dieu, une telle apparition, dis-je, ne peut être qu'une illusion
pitoyable.

III. Vous ne sauriez croire, monsieur, dis-je
alors, combien, pour mon compte, je suis
confus de voir un grand nombre de nos prêtres et de nos évêques approuver une pareille
absurdité, et mettre même une grande importance à la faire croire. Que des journalistes, qui
s'affichent comme religieux, étalent avec complaisance dans leurs colonnes ces contes pieux,
pour tenir en haleine la curiosité de cer-

______

(1) Gal., I, 8, 9.

tains lecteurs ; qu'ils feignent d'y croire, pour gagner ou retenir, par ce semblant de religion, les bonnes grâces et les abonnements de quelques âmes simples, cela se conçoit; mais que des prêtres, que des évêques, que le pape même se mettent de la partie, voilà ce qui confond et afflige. Ne voient-ils donc pas le tort qu'ils font à la religion en se livrant, eux qui en sont les représentants, au mépris inséparablement attaché à la renommée, qu'ils s'attirent, d'une grossière ignorance ? Ne voient-ils pas de combien de dissidents ils arrêtent par là le retour à l'Eglise, et de combien de mondains ils empêchent la conversion ? Beaucoup d'entre les uns et les autres, peut-être, reviendraient de leur égarement, qui y demeurent, et finissent par y mourir, de crainte qu'une fois convertis, on ne les force, dans l'Eglise, à croire ces superstitions ridicules et ridiculisées. Cela vous paraît-il autrement, M. l'abbé?

IV. C'est affligeant, me dit-il ; je partage tous vos sentiments ; il est inconcevable que nous en soyons venus là. — Monsieur, lui dis-je, je veux vous faire part d'une dernière pensée, pour voir si vous ne serez pas encore de mon avis. — Dites, dites, me répondit-il. — Je pense, continuai-je, que le prétendu miracle de la Salette, comme aussi ceux des madones de Rimini, de Civitta-Vecchia et les autres, ne sont que des effets particuliers d'un grand abus, d'une grande plaie de nos jours, dont ils naissent comme de leur principe. Cet abus, cette plaie, c'est la dévotion à la sainte Vierge, mal entendue, outrée par un faux zèle, corrompue, et tournée en superstition et en idolâtrie. — Cela me paraît fort, dit ici l'abbé; mais continuez : j'ai appris désormais à ne pas condamner un sentiment sans en connaître les raisons.

V. C'est, repris-je, la vogue de nos jours, et comme un torrent qui entraîne tout, de faire de la sainte Vierge l'objet principal de la religion et du culte. Mettre la sainte Vierge au niveau de Dieu ; lui rendre autant ou plus d'honneurs et de louanges qu'à Dieu ; avoir en elle autant ou plus d'espérance qu'en Dieu ; dépendre d'elle autant ou plus que de Dieu ; et, avec tout cela, laisser vivre les autres, ou vivre soi-même d'une vie fort relâchée et fort mondaine, voilà la dévotion du plus grand nombre des évêques, des prêtres, des prédicateurs, des directeurs, des pasteurs et des fidèles, — je dis des fidèles qui pratiquent la religion. Notez bien, monsieur, que je ne parle pas de l'Eglise, et que je ne lui attribue pas cet abus. L'Eglise y est réellement étrangère et très-contraire, par sa doctrine, ses règles, ses canons, ses rubriques, et quelques-uns de ses enfants; mais, de nos jours, un nombre infini de particuliers de tous les rangs et de tous les ordres ne tiennent aucun compte des rubriques, des règles et des canons, et ne suivent que l'aveugle entraînement d'un faux zèle.

VI. Ainsi, ils croient devoir mettre et nommer partout la sainte Vierge indifféremment avec Jésus-Christ. Ils se confient également à Jésus et à Marie; ils se saluent également dans les cœurs de Jésus et de Marie; ils veulent mourir également dans les bras de Jésus et de Marie; ils invoquent également Jésus et Marie : rien pour l'un de plus que pour l'autre.

VII. Ils abusent du titre de Médiatrice. Au lieu de borner ce titre à l'égard de la sainte Vierge, — comme nous faisons à l'égard des autres saints, quand nous les nommons nos médiateurs, — au pouvoir de nous aider auprès de Dieu, en lui offrant nos vœux et nos prières par Jésus-Christ notre Seigneur, ils attribuent à la sainte Vierge une médiation immédiate, nécessaire et semblable à celle de Jésus-Christ. Ils veulent que, comme nous ne pouvons arriver au trône de Dieu que par Jésus-Christ, nous ne puissions de même y arriver que par la sainte Vierge; et que, comme tout ce que nous obtenons est dû au nom de Jésus-Christ, de même tout soit dû au nom de Marie.

VIII. Ils font une seule et même image, un seul et même objet de vénération religieuse du cœur de Jésus et du cœur de Marie entrelacés; ils rendent à ces deux cœurs, ainsi réunis, un même culte, qui ne saurait être que le culte de latrie; ils offrent à ces deux cœurs un seul et même encens; ils se prosternent devant ces deux cœurs et les vénèrent par un seul et même acte d'adoration; ils répandent devant ces deux cœurs une seule et même prière.

I. On suppose ici que ceux qui rendent un culte, soit au cœur de Jésus, soit au cœur de Marie, ne péchent pas d'ailleurs d'un autre côté; car, il faut le reconnaître, il y en a beaucoup qui s'égarent, à ce sujet, dans de graves superstitions. Ils adorent, par exemple, en lui-même, et prient directement le cœur de Jésus, sans rapporter leur adoration et leur prière à la personne de Jésus-Christ, et cela n'est rien de moins qu'une idolâtrie.

II. L'humanité elle-même de Jésus-Christ tout entière: son corps et son âme naturellement unis et formant, en lui, l'être animé, intelligent et raisonnable; l'humanité, dis-je, de Jésus-Christ, si on la considère seule, abstraction faite du Verbe divin qui la personnifie, ne peut-être adorée sans crime, puisqu'elle n'est qu'une créature. L'humanité de Jésus-Christ toute seule n'exauce point, n'accorde point, n'opère point notre salut. Tout ce que Jésus-Christ fait, c'est la personne de Jésus-Christ qui le fait, et la personne de Jésus-Christ est la personne du Verbe.

Si donc nous ne pouvons ni prier ni adorer l'humanité de Jésus-Christ tout entière, à plus forte raison ne pouvons-nous adorer ni prier une partie de cette humanité considérée à part, et en attendre quelque chose. C'est donc une véritable idolâtrie que d'adorer cette partie de l'humanité de Jésus-Christ qu'on appelle le cœur, de la prier, et d'en attendre assistance et salut. C'est cependant ce que font un grand nombre de fidèles et même de prêtres catholiques. On les voit et on les entend, jusque devant Jésus-Christ réellement et substantiellement présent dans l'Eucharistie, au moment même où il est exposé sur les autels, négliger sa personne pour adorer au fond de sa poitrine ce viscère appelé le cœur, et lui adresser leurs demandes. Ils se croient plus avancés d'adorer et de prier, dans Jésus-Christ, ce morceau de chair, que d'adorer et de prier, en lui, le Dieu fait homme, la personne du Verbe divin. Bien plus aveugles que l'aveugle de Jéricho, au lieu de s'anéantir devant la personne divine et de dire : « Jésus, fils de David : Jésus, fils de Dieu, ayez pitié de moi, » détournant leur regard intérieur de la personne, ils disent, en sa présence même, à ce morceau de matière : « Cœur de Jésus, ayez pitié de moi. »

II. On me demandera peut-être ici si on ne peut donc pas dire que Jésus-Christ a un cœur adorable. — On le peut parfaitement ; mais, pourvu qu'on entende cela en langage figuré, comme quand je dis de quelqu'un : Cet homme a un excellent cœur. Cela veut dire que c'est une personne sensible, aimante, compatissante, charitable. De même, quand je dis que Jésus-Christ a un cœur adorable, ou que le cœur de Jésus est adorable, et que j'entends cette parole raisonnablement, je veux dire que Jésus-Christ est adorable dans le dévouement à la gloire de Dieu son Père, et dans l'amour pour les hommes, qu'il a fait paraître dans toute sa vie, et surtout en mourant sur la croix. Dans cette phrase, le mot *cœur* me représente Jésus dévoué et aimant, et je me sers du mot adorable, parce que c'est une personne divine qui nous a ainsi aimés.

D'après cela, la dévotion au sacré cœur, quand elle n'est pas une idée creuse ou une idolâtrie, ne peut être autre chose qu'un pieux sentiment de reconnaissance et d'amour réciproque envers Jésus-Christ, au souvenir de l'amour qu'il nous a témoigné en s'incarnant, en souffrant, et en mourant pour nous réconcilier avec son Père et nous sauver. Alors cette prière : « Cœur sacré de Jésus, ayez pitié de moi, » ne dit absolument rien de plus ni de moins que celle de l'aveugle : « Jésus, fils de David, ayez pitié de moi. »

Je sais bien que les plus raisonnables ne l'entendent pas autrement; mais alors pourquoi attacher tant de prix à une simple métaphore, et en faire une dévotion particulière ? Ne vaudrait-il pas mieux nous en tenir, comme nos pères, à la simplicité des termes propres et clairs pour tout le monde, que de tourner ainsi l'amour de Jésus-Christ en métaphore, et faire, par là, de la religion une énigme qui déplaît aux fidèles sérieux et attentifs, et égare la piété des simples et de ceux qui ne réfléchissent pas ?

En tout cas, ce que nous venons de dire démontre

assez que c'est une erreur des plus graves d'assimiler le cœur de la vierge Marie avec le cœur du Dieu fait homme, de Jésus-Christ, à qui nulle créature ne peut, sans crime, être comparée.

IX. Ils communiquent à la sainte Vierge l'attribut divin le plus incommunicable de tous : celui d'être notre bien suprême et notre dernière fin : ils la nomment *le vrai bonheur du cœur* de l'homme :

> Tendre Marie,
> Mère chérie,
> *O vrai bonheur,*
> *Du cœur !*
> Ma tendre mère,
> En toi j'espère ;
> Sois mes amours
> Toujours (1).

Ils lui donnent ce que Dieu s'est plus spécialement réservé de la part de l'homme, pour l'avoir seul et sans partage, c'est-à-dire le cœur :

> O ma reine, ô vierge Marie,
> *Je vous donne mon cœur* (2).

Ils prostituent leur amour même à ses sta-

(1) *Chants à Marie* (des RR. PP. jésuites), 1re partie, cantiques pour le mois de mai : 17 mai.
(2) *Idem.* Prières à Marie : *o Domina.*

tues et à ses images, à la manière des païens :

> En ce jour,
> *O bonne*
> *Madone* ,
> Je te donne
> *Mon amour* (1).

X. Ils font part à la sainte Vierge du souverain domaine de Dieu; ils lui rendent, en conséquence, le culte de dépendance et de sujétion; ils se consacrent, en termes absolus, à lui plaire, à l'aimer, à la servir :

> Oui, je veux, ô tendre Mère,
> Jusqu'à mon dernier soupir,
> *T'aimer*, *te servir*, *te plaire*,
> Et pour toi vivre et mourir (2).

XI. Ils la placent sur le trône de Dieu; ils lui décernent dans le ciel les hommages suprêmes et le règne que les Ecritures n'ont jamais décerné qu'à Dieu : c'est-à-dire les louanges et les bénédictions des chœurs célestes, des chérubins et des séraphins, et le règne sur les cœurs :

> *Unis aux concerts des anges,*
> Aimable reine des cieux,

(1) *Id.*, 14 mai.
(2) *Id.*, 2ᵉ part., nᵒ 11.

Nous célébrons tes louanges
Par nos chants mélodieux.
De Marie
Qu'on publie
Et la gloire et les grandeurs ;
Qu'on l'honore,
Qu'on l'implore,
Qu'elle règne sur nos cœurs (1).

Que reste-t-il après cela, qu'à mettre de côté la poésie, et à dire à Marie en propres termes : « Notre Mère qui êtes aux cieux, que » votre nom soit sanctifié, que votre règne » arrive, que votre volonté soit faite sur la » terre comme au ciel? etc. »

I. Voici, d'après la sainte Ecriture et la doctrine de l'Eglise universelle, l'occupation éternelle des chœurs des anges à laquelle nous devons *nous unir :* « C'EST PAR LUI » (*Jésus-Christ*) que les Anges louent votre Majesté su- » prême, que les Dominations l'adorent, que les Puis- » sances la craignent et la révèrent, et que les Cieux et » que les Vertus des cieux, et la troupe bienheureuse » des Séraphins célèbrent ensemble votre gloire dans les » transports d'une sainte joie. Faites, Seigneur, que nous » *unissions nos voix à celles de ces esprits bienheureux* » pour chanter *sans cesse avec eux :* Saint, saint, saint, etc. » (préf. de la Croix). Les séraphins étaient autour du » trône ; ils avaient chacun six ailes : deux dont ils voi- » laient leur face, deux dont ils voilaient leurs pieds, et

____

(1) *Chants à Marie*, cantiques pour le mois de mai : 2e par- tie, n° 11.

» deux autres dont ils volaient ; ils criaient l'un à l'autre
» et disaient : Saint, saint, saint est le Seigneur, le Dieu
» des armées, la terre est toute remplie de sa gloire (1). »

« Chacun de ces quatre animaux avait six ailes ; ils
» étaient pleins d'yeux au-dehors et au-dedans, et ils
» disaient *incessamment jour et nuit :* Saint, saint, saint
» est le Seigneur Dieu tout-puissant qui était, qui est et
» qui sera (2). »

D'après la nouvelle dévotion, la face du ciel a changé :
les chœurs des Anges, les Séraphins ont déserté le trône
de Dieu ; *ils ont cessé* de chanter en tremblant ses louanges ; ils se sont tournés vers le trône de la sainte Vierge,
et c'est à elle désormais qu'ils adressent leurs louanges et
l'honneur de leur chant. Telle est la religion de nos en-
thousiastes, inspirés par les RR. PP. jésuites.

II. Ajoutons que c'est une erreur criminelle de représenter la sainte Vierge séparée des autres saints et assise avec
la sainte Trinité, pour participer à l'encens des louanges et
des bénédictions que le ciel et la terre offrent à Dieu. La
sainte Vierge n'est pas, au ciel, au rang des trois personnes adorées, mais au rang des créatures qui chantent
et qui adorent. Elle n'est la première entre les saints, que
pour être la première prosternée le front à terre devant
le trône de Dieu, où elle dépose humblement sa cou-
ronne, et dit avec les autres : « Grâces à notre Dieu qui
» est assis sur le trône, et à l'Agneau pour nous avoir
» sauvés (3). » Voilà la vraie foi catholique.

XII. Ils ne se contentent pas de demander

(1) Isaïe, VI, 3.
(2) Apoc., IV, 8.
(3) Apoc., IV, 10, 11, et VII, 10.

son intercession auprès de Dieu; mais ils affec-
tent de lui demander la grâce à elle-même, et de
supposer que c'est elle qui fait et accorde tout.
On entend des prédicateurs, à la fin de leur
exorde, demander, non plus au Saint-Esprit
par l'entremise de Marie, — mais à Marie elle-
même, — d'éclairer les esprits, de convertir
les cœurs et de guérir les maux spirituels de
leur auditoire. A la fin de leur sermon, ils sou-
aitent à leurs auditeurs le bonheur de con-
templer éternellement Marie, en quoi ils font
consister la vie éternelle. Sauraient-ils exprimer, d'une manière plus énergique, que la
sainte Vierge est Dieu?

XIII. Les mêmes ne craignent point de dire
que Marie a plus de charité et de tendresse
pour nous que Dieu même, et ils l'élèvent ainsi
au-dessus de Dieu dans la plus attrayante de
ses perfections : dans sa miséricorde. Le propre du père, disent-ils, est d'aimer ses enfants,
sans doute; mais c'est aussi de les corriger et
de les punir. Le propre de la mère, au contraire, est d'aimer, d'aimer purement, et d'être
même souvent le refuge des enfants coupables.
Ainsi, disent-ils, le nom de père que Dieu
porte à notre égard a encore quelque chose

qui nous inspire de la crainte et nous tient à l'écart; tandis que Marie étant notre mère, il n'y a rien en elle qui ne nous attire et ne nous porte à nous jeter entre ses bras, par l'espoir de trouver dans son cœur une miséricorde plus sûre que dans le cœur de Dieu lui-même. Ils disent cela en pleine chaire, devant tout un public, avec assurance, comme des hommes qui croient réellement que Dieu et la sainte Vierge sont notre père et notre mère au même titre, dans le même sens, également à la lettre, avec la même efficace et la même réalité.

XIV. Voilà pour la théorie; voici maintenant pour la pratique. L'extérieur du culte est établi pour exprimer au-dehors, par des cérémonies, nos sentiments intérieurs. Or, la plus grande solennité, les plus grands exercices, s'il est permis de parler ainsi, en l'honneur de Jésus-Christ, durant le cours de l'année, combien durent-ils? Huit jours. La grande solennité, les grands exercices en l'honneur de la sainte Vierge, combien durent-ils? Un mois. Le même sacrifice de dépense, le même éclat de magnificence qui se déploie en l'honneur de Jésus-Christ, soit pour célébrer sa mort et sa sépulture, — ce qui ne dure que deux jours;

— soit pour les prières des réparations en usage en certains diocèses, — ce qui ne dure que trois jours; — soit enfin pour la solennité de la présence réelle, — ce qui ne dure que huit jours, — on les déploie en l'honneur de la sainte Vierge durant un mois tout entier. Encore, quand je dis les mêmes frais, la même pompe, je dis fort peu; car, dans une infinité d'endroits, la solennité d'ornements et de bougies dépensée autour de Jésus-Christ exposé en personne sur son autel, même aux fêtes des plus grands mystères, est de beaucoup éclipsée par l'appareil qui se prodigue tous les jours du mois de mai autour de la statue de la sainte Vierge. Donc, dirai-je à ceux à qui ceci s'adresse: vous avez de plus grands sentiments de la sainte Vierge que de Jésus-Christ; donc, vous voulez témoigner à la sainte Vierge plus de sujétion, plus de dépendance, plus de reconnaissance, plus d'amour, plus de dévouement qu'à Jésus-Christ.

XV. J'entre dans certaines églises : quel est l'autel qui y frappe surtout mes regards et mon attention? L'autel de la sainte Vierge. Ce devrait être, sans contredit, celui du Saint-Sacrement, celui de Jésus-Christ : cela n'est pas pourtant. L'autel de Jésus-Christ est sans ornements particuliers : c'est l'autel tout simple, avec son tabernacle et ses chandeliers. Une lampe brûle devant ce sanctuaire pour annoncer la présence et la vie de Jésus-Christ : c'est modeste, c'est grave ; mais c'est d'ailleurs tout ce qui est prescrit par la loi. L'autel de la sainte Vierge, au contraire, se fait distinguer, en comparaison de celui-là, par des ornements accessoires de toute espèce. Ce n'est pas seulement une lampe, mais une rangée de vingt lampes d'or qui brillent et brûlent devant sa statue. On rend donc plus d'honneur et de culte à la sainte Vierge qu'à Jésus-Christ ; on attache donc plus d'importance à la simple statue de la sainte Vierge qu'à la présence même de Jésus-Christ, qu'à la personne même vivante et présente de Jésus-Christ. Aussi, tous ceux qui entrent dans ces églises, depuis le matin jusqu'au soir, où vont-ils directement se prosterner et adorer ? Devant la statue de la sainte Vierge. Qui va prier et adorer devant l'autel et le tabernacle de Jésus-Christ ? Personne. La statue de la sainte Vierge est tout le jour entourée d'adorateurs, et le sacrement de Jésus-Christ est tout le jour abandonné et solitaire.

XVI. Mais il faut surtout remarquer ce qui se passe dans les églises où se trouve une de ces statues auxquelles la vaine gloire des paroisses ou l'avarice du clergé ont su donner de la réputation. Une de ces statues, dis-je, auxquelles on ne rougit pas d'attribuer une vertu particulière, qui fait qu'on obtient, en priant devant cette image, les bienfaits qu'on n'obtiendrait pas devant une autre. Les piliers de ces églises sont tapissés de haut en bas d'*ex-voto* commémoratifs. Lisez-les, et vous verrez que ni Jésus-Christ, Notre-Seigneur, ni son Père, le Dieu tout-puissant, ne sont pour rien dans ces archi-dévotions renommées dans tout le monde. Beaucoup de grâces, beaucoup de conversions, beaucoup de guérisons obtenues, dit-on; mais de qui? De Dieu, de Jésus-Christ? Point du tout : c'est en vain que vous chercherez une seule fois sur tous ces marbres dorés le nom de Dieu, le Père tout-Puissant, et celui de Jésus-Christ, son Fils unique. Partout, dans ces légendes, on a demandé la grâce obtenue à la sainte Vierge; c'est la sainte Vierge qui l'a accordée, et c'est la sainte Vierge qu'on remercie et *qu'on glorifie*. Suivant la lettre de ces écriteaux, Dieu et Jésus-Christ n'ont rien eu de la prière ; ils n'ont été pour rien dans le bienfait, et ils ne sont pour rien dans l'action de grâce.

Voici, en preuve, des exemples de ces écriteaux transcrits sur les lieux (1) :

I. « O Marie ! ô ma mère ! *ayez pitié de moi.* »

Bossuet (*Exposit. de la doct. cath.*, *IV*), sur l'autorité du catéchisme du concile de Trente, et du concile lui-même, fait observer qu'il y a une extrême différence entre la manière dont l'Eglise nous enseigne à implorer le secours de Dieu et celle dont nous devons implorer le secours des saints. *Puisqu'au lieu qu'en parlant à Dieu, la manière propre est de dire :* AYEZ PITIÉ DE NOUS, ÉCOUTEZ NOUS, *nous nous contentons de dire aux saints :* PRIEZ POUR NOUS (2).

On voit bien que cette *extrême différence* est ici peu respectée. Si c'était sans intention et par pure ignorance, passe ; mais il n'est que trop vrai qu'on affecte de la méconnaître.

II. « Gloire à Marie ! Je l'ai priée, et *elle m'a exau-* » *cée.* »

David disait : « J'ai crié vers le Seigneur, et il m'a » exaucé : *Voce meâ ad Dominum clamavi, et exaudivit* » *me* (3). J'ai levé mes yeux vers les montagnes, d'où » me pourra venir le secours. Mon secours ME DOIT VENIR » DU SEIGNEUR qui a fait le ciel et la terre : *Levavi ocu-* » *los meos in montes, unde veniet auxilium mihi. Auxi-*

----

(1) Assez de personnes les reconnaîtront.

(2) *Catech. concil. Trid., quis orandus sit, IV.*

(3) Ps. III. 5.

» *lium meum,* A DOMINO, *qui fecit cœlum et terram* (1). »
Dieu lui-même disait, en parlant du juste : « Il criera
» VERS MOI, ET C'EST MOI qui l'exaucerai : *Clamabit ad*
» *me, et* EGO *exaudiam eum* (2). C'EST MOI qui suis Dieu,
» et, HORMIS MOI, il n'y a personne qui sauve : εγὼ ὁ
» θεος, καὶ οὐκ ἔστι παρὲς ἐμοῦ σώζων (3). C'est moi,
» c'est moi-même qui efface vos iniquités POUR L'AMOUR
» DE MOI : *Ego sum, ego sum ipse, qui deleo iniquitates*
» *tuas propter me* (4). »

Voilà le pur christianisme : il enseigne à mettre son
espérance en Dieu, ET EN DIEU SEUL ; à tout attendre de
Dieu, et rien que de Dieu.

Le reste n'est qu'erreur et charlatanisme.

III. « Honneur, gloire et louange à Marie !

     » Marie, ô Vierge sainte !

» Car vous avez daigné *exaucer ma prière.* »

IV. « J'ai demandé une grâce *à Notre-Dame de l'Archi-*
» *confrérie*, et je l'ai obtenue. »

Qu'est-ce que Notre-Dame de l'Archiconfrérie, sinon
la statue de l'Archiconfrérie ? Est-ce la statue que
l'on prie et qui accorde ? Si c'est de la sainte Vierge
elle-même qu'on veut parler, il n'y a point Notre-
Dame de ceci et Notre-Dame de cela ; il n'y a point plusieurs Notre-Dame ; il n'y a qu'une bienheureuse Vierge,
et elle est également Notre-Dame de toutes les confréries,
de tous les lieux et de tous les chrétiens.

V. « Hommage à Marie, Notre-Dame-des-Victoires !

» Au mois de mai 1832, j'ai imploré Marie pour obte-

(1) Ps. CXX, 2.
(2) Ps. XC, 15.
(3) Is., LXIII, 11 ; *vers.* LXX.
(4) Ps. LXIII, 11 ; LXX, 25.

» nir une grâce importante; au mois de juin 1832, j'ai
» obtenu la grâce demandée. »

« Honneur, gloire et bénédiction à Marie !
» Affligés, qui que vous soyez, venez implorer Marie,
» Notre-Dame-des-Victoires, *dans son sanctuaire; elle*
» *vous consolera, vous soulagera.* »

Il faut venir devant telle statue : si on se contentait de
prier la sainte Vierge chacun dans sa paroisse, cela ne
suffirait pas. Est-ce clair ?

A la place de toute cette superstition intéressée, à qui
est-ce qu'un chrétien doit rendre gloire de tous les bienfaits
spirituels ou temporels ? « Tous les anges étaient debout
» autour du trône, et les vieillards, et les quatre ani-
» maux ; et, s'étant prosternés sur le visage, ils adorent
» Dieu en disant : AMEN. Bénédiction, gloire, sagesse,
» action de grâce, honneur, puissance et force A NOTRE
» DIEU dans tous les siècles des siècles. AMEN (1). » E
saint Paul, de son côté : « C'est par cette voie que vou
» êtes établis en Jésus-Christ, qui nous a été donné d
» Dieu pour être notre sagesse, notre justice, *notr*
» *sanctification et notre rédemption*, afin que, selon qu'
» est écrit, celui qui se glorifie NE SE GLORIFIE QU
» DANS LE SEIGNEUR (2). »

On transporte donc visiblement à la sainte Vierge
culte qui n'est dû qu'à Dieu et qu'à Jésus-Christ; c'e.
donc toute une *nouvelle* religion; cette nouvelle religior
c'est le JÉSUITISME.

VI. Couronnons cette digression par un *ex-voto* re
cueilli à Lyon, à Notre-Dame de Fourvières, pour qu'o

(1) Apoc., VII, 11, 12.
(2) 1 Cor., I, 30, 31.

sache bien que ce n'est pas dans un seul lieu que règne
l'abus.

Marie,

> Le sommeil de la mort allait clore mes yeux,
> Mère, quand de ta voix *la douceur infinie*
> *Vint arrêter soudain*, aux portes de la vie,
> L'âme qui s'envolait *pour te chercher aux cieux.*
> Succombant sous le poids de ma reconnaissance,
> *Je viens t'offrir les jours que me rend ta puissance,*
> Marie.... Oh! *pour te voir*, j'eusse voulu mourir.
> Je vis...; *mais c'est pour toi, c'est pour te mieux servir.*

Vœu rendu le 17 juin 1848.

Signé : Henriette CHANET.

Un chrétien saurait-il parler autrement à Dieu, qui
a créé le ciel et la terre? Il n'est pas permis aux ordinaires d'ignorer ce nouveau culte, puisqu'il est public dans
leurs églises, dont ils font la visite tous les deux ans,
suivant les canons (1). Ils l'approuvent.

La personne qui a fait l'*ex-voto* avait fait son éducation
quelque part : on lui avait donc enseigné cette religion. Il y a des institutions de filles où on n'enseigne
d'autre culte que celui de Marie. On n'y chante jamais,
par exemple, d'autres vêpres que celles de la Vierge,
même le jour de la Noël et le jour de Pâques. On a vu
une fille, sortie d'une de ces institutions, regarder, dans
la maison de ses maîtres, toutes les prières, les lectures
et autres pratiques de piété les mieux réglées, comme
suspectes, parce que, suivant elle, on n'y servait point
la sainte Vierge. Elle refusait d'entendre vêpres à sa pa-

(1) *Concil. Trid*, § *XXIV, de ref.*, c. *III. C. Tolet., IV,*
c. *35.*

roisse, sous prétexte que ce n'était point celles de la Vierge. Quand ses maîtres la conduisaient avec eux à la paroisse, elle trouvait moyen de s'esquiver jusqu'à la fin. Ceci s'est vu à Paris.

XVII. Je crois en avoir dit assez, dis-je ici à M. l'abbé, pour motiver mon sentiment. — J'avoue, me répondit-il, que tout cela est véritable; tous ces abus que vous venez de signaler existent réellement. Je le sais mieux que tout autre, puisque jusqu'ici je n'y ai pas été étranger; mais je comprends maintenant que toutes ces apparitions et tous ces miracles de médailles, de statues et de tableaux qui parlent, suent ou tournent les yeux, peuvent fort bien dépendre, comme de leur cause occasionnelle, de la fausse dévotion à la sainte Vierge. Il peut se faire que ce ne soit qu'autant de supercheries pour accréditer et soutenir cette dévotion, — c'est le plus probable; — et il peut se faire aussi que le diable, voyant les esprits égarés par la superstition, et disposés à ajouter foi à toute espèce d'extravagances, soit lui-même l'auteur caché et immédiat de quelques-unes de ces révélations qui ruinent la foi. — A ce compte, monsieur, repris-je, que seraient ces apparitions de la Salette, ces tableaux de Rimini, ces médailles miraculeuses, sinon les tables tournantes des dévots, comme les tables tournantes ne sont que les madones miraculeuses des gens du monde. — Exactement, me répondit-il. En vérité, ajouta-t-il, l'Eglise est dans un état bien triste, et les chrétiens qui le comprennent ont bien besoin de prier Dieu de se retourner vers nous. Nous nous levâmes sur cette pensée, et nous nous séparâmes pour nous retrouver, chez le théologien, un autre jour.

SIXIÈME ENTRETIEN.

Discussion de la suite du discours prêté à la sainte Vierge.

LE THÉOLOGIEN, L'ABBÉ.

I. Nous fûmes avertis deux jours après du retour de notre théologien ; nous nous rendîmes chez lui le jeudi suivant. Après avoir causé quelques instants du sujet de son absence et de ce que nous avions fait dans l'intervalle, nous reprîmes notre entretien.

— Nous continuerons le discours de l'apparition, dit le théologien, si vous le jugez à propos. — Continuons, dit l'abbé. — *Le théologien :* Nous avons vu que la dame reprochait aux enfants de la Salette, ou mieux à tous les mauvais chrétiens en leur personne, de ne s'être point corrigés malgré l'avertissement de la plaie des pommes de terre, et de n'avoir fait, au contraire, que jurer et blasphémer quand on en trouvait de gâtées. Elle ajoute :

« Elles vont continuer à se pourrir, et cette » année, pour la Noël, il n'y en aura plus.

» Que celui qui a du blé ne le sème pas,

» les bêtes le mangeront ; ce qui viendra tom-
» bera en poussière quand vous le battrez.

» Il viendra une grande famine.

» Avant que la famine vienne, les enfants
» au-dessous de sept ans prendront un trem-
» blement et mourront entre les mains des per-
» sonnes qui les tiendront. Les autres feront
» pénitence par la faim.

» Les raisins pourriront, et les noix devien-
» dront mauvaises.

» S'ils se convertissent, les pierres et les ro-
» chers se changeront en monceaux de blé, et
» la pomme de terre se trouvera ensemencée à
» travers les terres (1). »

II. — Voilà le discours, ajouta le théologien.
Ce ne sont plus seulement des avertissements
et des reproches ; mais des prédictions préci-
ses, comme nous le voyons. Ceci se prononçait
le 19 septembre 1846. Donc, dès la Noël de
cette année, il n'a plus dû y avoir de pommes
de terre au monde ; donc, en 1847, il n'a pas
dû y avoir de récolte ; le blé ensemencé a dû
cette année-là se perdre dans la terre, être dé-
voré en herbe, périr après avoir formé l'épi,

____

(1) Relat. de M. Rousselot, *Rap.*, p. 56 et 66.

ou se pourrir même après avoir été ramassé; il
n'a pas dû y avoir non plus ni vin ni noix. Une
horrible famine a dû venir, et suivre immédiatement; avant la famine, et cette même année
1847, on a dû voir la mort tragique des
enfants au-dessous de sept ans. Les dates sont
expressément fixées : peut-on s'empêcher de
le reconnaître? — Non, répondit l'abbé; tout
cela est annoncé trop clairement.

III. — Eh bien! reprit le théologien, tout
cela s'est-il exactement accompli en 1847,
comme il avait été prédit en 1846? Vous souvenez-vous, monsieur, qu'il y ait eu dès la fin
de 1847, par suite d'un défaut complet de
récolte cette année-là, une cruelle famine?
Vous souvenez-vous que les enfants au-dessous
de sept ans soient morts à cette occasion dans
les agitations d'un tremblement horrible? —
Non vraiment, répondit l'abbé; je n'en ai point
ouï parler.

O prédiction de la Salette! continua le théologien, c'est tout le contraire qui arriva. Il
n'y a qu'à voir les bulletins publics, si on manque de mémoire. L'année 1847 produisit une
magnifique récolte : du blé en abondance, et
de la meilleure qualité; beaucoup de vin; des

fruits et des céréales de toute espèce. Il continua d'y avoir des pommes de terre après la
Noël. La maladie même de cette plante cessa,
ou alla diminuant. Depuis lors, cette année-ci
est la première où nous ayons à souffrir (1).
Or, écoutez, monsieur, ce passage de l'Ecriture : « Que si vous dites en vous-même :
» Comment puis-je discerner une parole que
» le Seigneur n'a point dite *d'avec celle qu'il a*
» *dite ?* Voici le signe que vous aurez pour le
» connaître : Si ce que le prophète a prédit
» au nom du Seigneur n'arrive point, c'est
» une marque que ce n'était point le Seigneur
» qui l'avait dit, mais que ce prophète l'avait
» inventé par l'orgueil et l'enflure de son
» esprit. C'est pourquoi vous n'aurez aucun
» respect pour ce prophète (2). » Est-il croyable qu'en dépit d'une règle si claire, dictée par
l'Esprit saint, il se soit trouvé un évêque à
Grenoble et un autre à Rome pour recevoir,
comme vraie et divine, une révélation prophé-
tique complètement, publiquement et évidemment démentie par l'évènement ?

(1) Ceci s'écrivait en 1854.
(2) Deut., XVIII, 21, 22.

IV. — On dira, remarqua l'abbé, que toutes ces menaces n'étaient que conditionnelles,
et semblables à celles de la prédiction de Jonas;
qu'on s'est converti comme à Ninive, et qu'ainsi
la colère de Dieu s'est trouvée apaisée. — On
dira qu'on s'est converti! reprit le théologien.
Plaisante défaite! Et qui donc a été témoin de
la conversion? A Ninive, tout le monde vit la
pénitence qui détourna la menace de la prédiction de Jonas; cette pénitence fut aussi
publique et aussi éclatante que l'avait été la
prédiction du prophète; cette pénitence fut
obéissante, prompte, humble, universelle,
exemplaire, et plus admirable encore que ne
l'eût été la destruction même de la ville. Ici
donc également il faudrait que, du 19 septembre 1846 au mois de juillet 1847, on eût vu,
en conséquence de la menace de la Salette, et
par soumission à la foi du miracle, les rois
et les peuples catholiques s'humilier solennellement, comme firent les Ninivites, dans le cilice
et dans la cendre, depuis le premier jusqu'au
dernier; or, il est trop évident que rien de
pareil n'a existé. Il n'y a pas eu plus de conversion de l'univers en 1847, que de blé
pourri, de famine, et de mort générale des

enfants au-dessous de sept ans dans les hor-
reurs d'un miraculeux tremblement. L'apparition de la Salette est donc publiquement con-
vaincue de mensonge par l'évènement, qui en
a démenti les prédictions.

V. — Et si on répond, dit l'abbé, qu'on s'est
converti à la Salette? — La défaite ne sera pas
moins risible, répliqua le théologien. Alors il
faudra croire que Dieu ne regarde du haut
du ciel que les habitants de la paroisse de
la Salette, et qu'il est indifférent sur la vie
de tout le reste des humains. Si les habitants
de la Salette ne mangent pas de la viande les
jours défendus, s'ils ne travaillent pas le dimanche, et s'ils ne prononcent pas un certain jurement, tout l'univers aura du blé en abondance,
et chacun vivra heureux; si, par malheur, au
contraire, les habitants de la Salette commettent ces trois péchés, la famine et la mortalité
désoleront toute la terre. Les crimes ou la
sainteté du reste du monde ne seront comptés
pour rien.

VI. En second lieu, que porte le discours de
l'apparition? La Dame commence par ces paroles : « Si mon peuple ne veut pas se conver-
» tir, je suis forcée de laisser aller la main de

» mon fils. » Elle finit par celles-ci : « Mes
» enfants, vous le ferez passer à *tout mon peu-*
» *ple.* » Est-ce que ceux qui parlent du peuple
de la sainte Vierge, réduisent tout ce peuple
aux seuls habitants du hameau de la Salette;
ou plutôt n'entendent-ils pas, *par le peuple de
la sainte Vierge,* tout le peuple chrétien? C'est
donc à tout le peuple chrétien que s'adressaient
les menaces qu'on lui met à la bouche. C'est
donc de la conversion de tout le peuple chrétien, qu'il s'agit en cet endroit. Le peuple chrétien ne s'est pas converti; le peuple chrétien
n'a point cru au miracle de la Salette; le peuple chrétien n'a fait que rire des menaces de
la Salette, qui étaient en effet fort ridicules,
et qui, ainsi qu'on avait raison de s'y attendre,
ne se sont point accomplies. Que reste-t-il donc
à conclure? Sinon, que cette apparition est
fausse et très-préjudiciable à la religion; qu'elle
n'est qu'un grand scandale, qui donne lieu aux
pécheurs de s'endurcir dans leurs crimes et
dans leur incrédulité.

I. Voici, sur le passage qu'on vient de discuter, la relation de l'édition de Toulouse, 1846 : « Que celui qui a
» du blé ne le mette point en terre; car L'ANNÉE PRO-
» CHAINE les insectes le dévoreront, et le grain qui leur

» échappera tombera en poussière entre les mains de
» celui qui froissera l'épi.

» Une grande famine surviendra, et, avant la famine,
» les petits enfants au-dessous de sept ans mourront d'un
» petit tremble. Les autres feront leur pénitence par la
» faim.

» Voilà les malheurs qui vont vous frapper, si vous ne
» les prévenez par une conversion sincère.

» Mais, si l'on revient à Dieu avec un cœur repentant,
» les pierres et les rochers seront changés en montagnes
» de blé, et la pomme de terre croîtra d'elle-même dans
» les champs où on ne l'aura pas semée. »

II. On remarquera la différence de ces paroles : *l'année
prochaine*, qui sont dans la relation de M. le curé de
Corps, imprimée à Toulouse en 1846, et ne sont point
dans celle du rapport de M. Rousselot.

M. Rousselot rapporte le récit des enfants tel qu'ils
l'ont fait dans les conférences de l'évêché, quatorze mois
après l'évènement, c'est-à-dire au mois de novembre
1847. L'effet venait de démentir et démentait encore en
ce moment la prophétie du défaut de récolte et de la
famine. Les enfants suppriment donc alors ces mots :
l'année prochaine, si importants dans la question. Mais ces
mots se lisent dans toutes les relations qui ont été publiées
durant la fin de l'année 1846 et les premiers mois de
1847. Les réponses mêmes que M. Rousselot attribue aux
enfants dans son rapport prouvent que la prophétie de la
destruction du blé et de la famine regardaient l'année
1847, et que cette circonstance était exprimée dans les
premiers récits des enfants. Voici les passages de M. Rousselot : « D. La dame t'a trompé, Maximin ; elle t'a prédit
» une famine, et cependant la récolte est bonne partout.

» — R. *Maximin*. Qu'est-ce que cela me fait ? *Elle me l'a
» dit*, cela la regarde. »

« A cette même question, les enfants ont répondu d'au-
» tres fois : *Mais si on a fait pénitence* (1). »

III. M. Rousselot s'est donc ici enfoncé lui-même le
couteau dans le gosier, et il fallait que la commission qui
s'est laissé aveugler par son rapport à l'évêché de Grenoble, fût composée de gens bien peu attentifs pour ne pas
apercevoir la contradiction. Après avoir rapporté le récit
de Mélanie, le rapporteur fait remarquer que ce récit est
exactement celui que les enfants ont fait tous les deux
dès le premier commencement. « Nous avons sous les
» yeux, dit-il, les premières relations manuscrites faites
» par des personnes de mérite et dignes de toute con-
» fiance, et ces relations prouvent jusqu'à l'évidence que
» les petits bergers n'ont *rien ajouté, rien retranché* par la
» suite à ce qu'ils ont dit dès le commencement. Voici,
» du reste, nos preuves (2) : »

Ces preuves consistent dans une *copie de la relation
écrite par Baptiste Pra le 20 septembre 1846, le lendemain
de l'apparition, certifiée conforme à l'original par M. Lagier, curé de Saint-Pierre de Cherennes.* Cette pièce est
signée : PRA (Baptiste), le maître de Mélanie ; SELME
(Pierre), le maître de Maximin, et J. MOUSSIER.

Elle est contresignée : LAGIER, *prêtre*, sous ces paroles :
*Pour copie conforme à l'original qui m'a été communiqué
par Pra, un des signataires, chez qui Mélanie était en
service, et qui m'a attesté avoir écrit la pièce ci-dessus le
lendemain de l'apparition.* M. Lagier signe la copie à Corps,
le 28 février 1847, cinq mois après l'évènement.

(1) P. 87, 88.
(2) *Rap.*, p. 60.

Ce que les enfants ont dit dès le commencement est donc bien constaté dans cet écrit de Pra, par M. Rousselot lui-même, puisqu'il nous le transcrit en preuve, afin que nous le comparions au récit des enfants au sein de la commission, et que nous demeurions convaincus que les enfants n'ont jamais *varié*.

Eh bien! qui l'aurait jamais cru? Le premier récit des enfants, écrit, dès le premier commencement, par Baptiste Pra, contient les paroles décisives : *l'année prochaine*, tandis que le récit fait devant la commission ne les contient pas. Voici le passage de la relation de Pra :

« Si vous avez du blé, il ne faut pas le semer ; tout ce
» que vous sèmerez, les bêtes le mangeront, et ce qu'il res-
» tera encore, que les bêtes n'auront point mangé, L'AN-
» NÉE QUI VIENT, en le battant, tombera en poussière….
» S'ils se convertissent, les pierres et les rochers de-
» viendront des amas de blé, et les pommes de terre
» seront ensemencées (*pour l'année qui vient*). »

Il ne devait plus y en avoir à la Noël 1846 ; elles ne pouvaient donc que venir sans semence en 1847, s'il en venait.

IV. Il résulte donc de ces observations : 1º Que les en-fants ont varié dans leur récit au bout de l'an ; 2º que cette variation est constatée sur les pièces mêmes que M. Rousselot nous met en main, afin que nous en jugions ; 3º que M. Rousselot en impose au public en affirmant à plusieurs reprises, dans son rapport, que les enfants n'ont jamais « varié (1), *ni rien ajouté, ni rien retranché*
» dans la suite à ce qu'ils ont dit dès le commencement ; »
4º que c'est sciemment qu'il en impose ainsi, espérant, sans doute, qu'on ne s'en apercevra pas ; 5º que les pa-

____

(1) *Rap.*, p. 76.

roles retranchées par les enfants, au bout d'un an, après le démenti de la prédiction sur la récolte et sur la famine, sont la preuve théologique, biblique, naturelle, très-évidente qu'ils ont fait une fausse prédiction, et que, par conséquent, si tant est que quelqu'un leur ait parlé, ce n'est point la sainte Vierge, mais un être imposteur, homme ou esprit (1).

VII. Enfin, l'apparition prédit que, « si l'on » se convertit, les pierres et les rochers se » changeront en blé, et que les pommes de » terre se trouveront ensemencées par la » terre (2). » Or, a-t-on vu quelque part les pierres et les rochers changés en monceaux de blé, et les pommes de terre croître d'elles-mêmes dans les terres, sans avoir été semées ? La prédiction était, on l'avouera, trop fabuleuse; aussi est-il bien évident que cela n'est point arrivé. Là-dessus, voici mon raisonnement : on s'est converti ou on ne s'est pas converti : qu'on choisisse. Si on reconnaît qu'on ne s'est point converti, la vision est fausse, puisque les menaces faites en ce cas sont demeurées vaines. Si on s'est converti, la vision est fausse, puisque ce qu'elle avait promis dans cette supposition ne s'est point réalisé.

(1) Voyez chapitre suivant, note.
(2) Rousselot, *Rap.*, p. 66, *récit de Maximin.*

VIII. J'ajoute encore une considération. La nature même des promesses et des menaces de la Dame de la Salette en démontre la fausseté aux yeux de tout chrétien instruit de sa religion. En effet, Dieu faisait, il est vrai, sous l'ancienne loi des promesses d'abondantes récoltes aux Juifs charnels, pour les attacher à l'observation de la loi. Et il le faisait ainsi, parce que tout dans l'ancienne alliance n'était que figure; mais il n'en est pas de même sous la loi de grâce. Avec l'alliance, les promesses et les menaces ont été changées. Sous la loi évangélique, loi toute de foi et d'amour, Jésus-Christ ne propose à ses disciples, pour récompense de la vertu, que des biens spirituels, que la possession de Dieu même; et, pour châtiments du vice, il ne menace que des maux de l'éternité. Quant à la prospérité temporelle sous l'Évangile, elle est de préférence le partage des impies. Une pareille apparition n'est donc qu'une superstition aussi funeste que ridicule. Elle n'est propre qu'à matérialiser les âmes, à ramener les chrétiens au paganisme, et à effacer de plus en plus de la mémoire des peuples le souvenir de l'enfer et du paradis. Une pareille apparition est une séduction et un

5

piége visible de l'esprit ennemi de Dieu et des hommes. Elle induit les enfants de Dieu à mettre leur dernière fin dans les biens et les aises de cette vie. Au lieu que le chrétien ne doit attendre les biens de la terre qu'avec indifférence et soumission, et seulement comme des moyens de vivre pour Dieu, la vision de la Salette le façonne à vivre pour les biens de la terre, comme pour sa félicité, et ne lui propose le culte et le service de Dieu que comme un bien subordonné à cette félicité frivole, et comme le moyen de l'obtenir. La doctrine de *Notre-Dame* de la Salette est donc une doctrine qui tend à anéantir le christianisme.

IX. — Il reste encore, dit ici l'abbé, une circonstance à considérer. La Dame fit aux enfants une révélation destinée à demeurer secrète. Elle leur défendit de la communiquer à qui que ce soit. — C'est où j'allais en venir, répondit le théologien ; et c'est ici un dernier trait qui seul suffirait pour prouver la fausseté et la superstition de cette apparition merveilleuse. Je vous le demande : Dieu fit-il jamais aux hommes des révélations avec défense de les divulguer ? Quand Dieu ne veut point que nous sachions les secrets de ses desseins, il

ne les révèle pas ; quand il les révèle, c'est
afin que nous les sachions. Ou il était de l'intérêt des hommes de savoir ce dessein confié à
deux enfants, ou la connaissance de ce dessein
nous était inutile. S'il y allait de notre intérêt
à le savoir, pourquoi Dieu aurait-il défendu
de nous le découvrir ? Si la connaissance ne
nous en était pas utile, pourquoi l'aurait-il
révélé? Encore une fois, ce n'est pas ainsi que
Dieu agit ; le secret, en pareil cas, est contraire
même aux principes de l'Ecriture : « Il est
» bon de tenir caché le secret du roi ; mais il
» y a de l'honneur à découvrir et à publier les
» œuvres de Dieu (1). »

X. Au reste, il paraît qu'on a fini par engager les enfants à découvrir le secret de Dieu au
Pape. Ils l'ont fait, chacun en son particulier,
dans une lettre scellée, qu'on a solennellement
portée à Rome. Il s'est trouvé, dit-on, que le
secret était la prédiction d'effroyables malheurs :
on rapporte même que le Pape en a pâli. Ces
malheurs devaient fondre sur plusieurs états de
l'Europe, et sur la France surtout : cette année
même, 1854, où nous vivons. Aux fêtes de

(1) Tob., XII, 7.

Pâques, toutes nos églises devaient être fermées, comme au temps de la terreur. Heureusement il n'en a rien été, et nous n'aurons (il faut l'espérer) pas plus de mal qu'on en eut en **1847** de l'horrible famine. **N. S. P. le Pape** n'y aura donc été que pour la peur. Mais si ce qu'on en a dit est vrai, puisse le Saint-Père ne plus s'effrayer à l'avenir, pour si peu de chose, et conclure enfin, par les règles d'une bonne logique, que la Dame merveilleuse qui a si bien menti à la Salette, n'était pas la sainte Vierge. Puisse N. S. P. le Pape, éclairé enfin sur la surprise qui lui a été faite en cette occasion, *ne plus ouvrir* si facilement à l'avenir *le trésor des indulgences*. C'est certainement décrier la puissance des clefs, et livrer les indulgences au mépris, que d'en promettre, pour encourager de pareils faits.

Etat des indulgences accordées par S. S. le Pape Pie IX, en faveur de Notre-Dame de la Salette :

I. Un rescrit du 24 août 1852 déclare privilégié à perpétuité le maître-autel du sanctuaire de la Salette.

II. Un bref du 26 août 1852 accorde à tous les fidèles qui sont inscrits ou se feront inscrire dans la confrérie de Notre-Dame réconciliatrice de la Salette : 1° une indulgence plénière le jour de leur entrée dans la confrérie; 2° une indulgence plénière à l'heure de la mort; 3° une indulgence plénière une fois par an le jour de la fête principale de la confrérie et beaucoup d'autres indulgences partielles.

III. Un bref du 3 septembre 1852 accorde une indulgence plénière une fois par an à tous ceux qui visiteront l'église de Notre-Dame de la Salette.

IV. Un bref du même jour accorde une indulgence plénière aux fidèles qui suivront les exercices des missions ou des retraites prêchées par les missionnaires de la Salette, pourvu qu'ils aient assisté au moins trois fois aux prédications.

V. Un bref du 7 septembre 1852 accorde aux missionnaires de la Salette le pouvoir d'indulgentier les croix, médailles et chapelets, et de donner le scapulaire aux fidèles.

VI. Par un bref du même jour, la confrérie de Notre-Dame de la Salette est érigée en archiconfrérie.

VII. Par un indult du 2 décembre 1852, S. S. Pie IX autorise à célébrer chaque année, sous le rit solennel, dans toutes les églises de Grenoble, le 19 septembre ou le dimanche suivant, la mémoire de l'apparition de la sainte Vierge, par une grand'messe et le chant des vêpres comme dans les fêtes de la sainte Vierge (1).

Sans doute, cela est excellent pour attirer beaucoup de fidèles simples aux missionnaires de la Salette; mais est-ce un bon moyen de réconcilier beaucoup d'incrédules à la foi de l'Evangile et de l'Eglise catholique !

— Vraiment, dit ici M. l'abbé X., il est bien

____

(1) *Copié* sur le livre: *Un Sanctuaire à Marie, ou Pèlerinage à Notre-Dame de la Salette*, publié avec l'approbation de Mgr l'évêque de Grenoble, p. 20 et suiv.

temps d'en finir avec les apparitions. Nous allons devenir la fable du monde.

XI. — Nous voilà donc d'accord, mon cher abbé, répondit le théologien. Oui, vous avez raison ; il est bien temps qu'on en finisse avec ces faux moyens de faire fleurir la religion, ou plutôt avec ces vrais moyens de la discréditer et de la perdre. Notre religion est si belle et si grande ; pourquoi se fait-on ainsi un jeu de la dégrader ? Hélas ! qui nous donnera de voir cette religion sainte ramenée à ses vrais principes ! Saint Paul avait dit : « Personne ne peut » poser d'autre fondement que celui qui a été » mis, qui est Jésus-Christ (1). » Saint Pierre avait dit : « Il n'y a point de salut par aucun » autre que par Jésus-Christ ; car nul autre » nom sous le ciel n'a été donné aux hommes » par lequel nous devions être sauvés (2). » Quand reviendra le temps où l'on fera de Jésus-Christ, comme jadis, l'objet de notre foi et le fondement de notre espérance ? Quand aurons-nous le bonheur de revoir qu'on s'appuie uniquement sur les mérites du Rédempteur, et

____

(1) 1 Cor., III, 11.
(2) Actes, IV, 12.

sur la force de sa grâce, pour perpétuer la religion, préserver les justes et convertir les pécheurs ; qu'on prêche au monde la pénitence pour la rémission des péchés ; qu'on reconnaît que la vie éternelle consiste dans la connaissance de Jésus-Christ et dans la pratique sincère de l'Evangile ; qu'il n'y a de vrai christianisme que dans la justice intérieure de la foi qui opère par la charité ? Sous le vain prétexte d'honorer la sainte Vierge plus que nos pères, on renverse et la base, et toute l'économie de la religion. Jamais l'Eglise n'eut plus de besoin d'un concile général.

CHAPITRE ADDITIONNEL.

Des miracles de la Salette.

LE SECRÉTAIRE.

1. Notre théologien avait pris d'abord l'engagement, comme on l'a vu (1), de faire justice des miracles innombrables qu'on produit en témoignage de la vérité de l'apparition. Mais M. l'abbé X. a été le premier à juger que cela n'était point nécessaire. Quand une prétendue vision, a-t-il dit, est démontrée fausse par le démenti des évènements donné à ses prédictions, par les absurdités, les inepties, la fausse doctrine et les impiétés qu'elle enseigne, il ne peut y avoir de miracles capables de l'autoriser. Alors ce ne sont point des miracles racontés en sa faveur qui prouvent la vérité de la vision; mais c'est la fausseté de la vision, démontrée d'ailleurs, qui prouve la fausseté de ces prétendus miracles. Nous savons que le diable peut faire des prodiges pour autoriser

____

(1) **Premier entretien.**

le mensonge; et Notre-Seigneur nous a prédit qu'il doit en faire en effet à la fin des temps de si grands et de si extraordinaires, qu'ils seront capables, s'il était possible, de séduire jusqu'aux élus (2). Quoi qu'il en soit donc des prétendus prodiges dont nous parlons ici, nous ne devons point nous en étonner.

II. Au reste, l'esprit d'erreur et de mensonge se montre encore assez ouvertement dans tous les faits prodigieux rapportés par M. Rousselot, — en les supposant tels qu'il les rapporte, — par l'usage superstitieux de l'eau qu'on y emploie. Curiosité, vaine observance, tentation de Dieu, en voilà les invariables traits. De plus, on n'épargne aucun ressort de charlatanisme, pour capter, en faveur de cette eau, la confiance des fidèles. On ne rougit pas de donner à cette eau une vertu inhérente, que jamais la religion ne permit d'attribuer à aucun objet que ce soit, si ce n'est aux sept sacrements. Voici, en effet, comme on en parle :

III. « *Effets merveilleux de l'eau de la Salette.*

» Qui pourrait enregistrer tous les effets

2) Matth., XXIV, 24.

» merveilleux produits par l'eau qui, depuis
» l'apparition, ne cesse de jaillir *de la fontaine*
» *tarie, sur laquelle s'est reposée la mère de*
» *Dieu* (1) dans l'attitude de la plus profonde
» tristesse.

» Quel pèlerin, après avoir satisfait sa piété
» sur le mont béni, ne se charge pas, pour
» lui et pour les siens, d'une provision de
» cette eau bienfaisante?

» Demandée de tous côtés, du fond même
» des pays étrangers, elle est partout reçue
» avec vénération et employée avec confiance.

» ELLE OPÈRE MÊME INDÉPENDAMMENT DE LA
» FOI des malades auxquels on la donne à
» boire (2).

» Déjà *elle a opéré* des milliers de prodiges,
» non-seulement *en guérissant* les maux du
» corps, mais aussi *en étendant ses salutaires*
» *effets jusque sur les âmes* (3).

» On cite des conversions inespérées qui
» ont eu lieu sur des pécheurs invétérés,
» auxquels *on avait fait avaler contre leur gré*

(1) Voyez à la fin du chapitre la dissertation à ce sujet.
(2) Rousselot, *Rapp.*, p. 189.
(3) *Un Sanctuaire à Marie*, p. 34 Livre approuvé par
Mgr de Grenoble.

» quelques gouttes de l'eau miraculeuse (1). »

IV. Notre-Seigneur avait l'attention particulière d'attribuer tous ses miracles à la foi de
ceux qui les obtenaient ; M. Rousselot tient au
contraire à ce que les siens ne soient attribués
qu'à l'eau de sa fontaine. ELLE OPÈRE INDÉPEN-
DAMMENT DE LA FOI.

V. Qui ne voit qu'on engage par là les
simples à faire plus d'estime de l'eau de la
Salette que des mérites de Jésus-Christ conte-
nus dans les sacrements ?

VI. Le sacrement de l'extrême-onction, par
exemple, n'opère pas le soulagement spirituel
et corporel des malades indépendamment de
leur foi : or, c'est ce que fait l'eau de la Salette, d'après l'enseignement du vicaire-général, M. Rousselot, et de l'évêque qui a approuvé
son ouvrage ; donc l'eau de la Salette mérite
plus d'estime que le sacrement de l'extrême-
onction.

VII. Il en est de même du corps et du sang
du Sauveur, que nous mangeons et que nous
buvons dans l'eucharistie. Ce sacrement n'a
aucun effet visible, ni aucune vertu ordinaire

____

(1) Rousselot, *Rapp.*, p. 173.

de procurer les biens corporels ; il n'opère point d'ailleurs, même dans l'âme, *indépendamment de la foi* de ceux qui le reçoivent ; or, l'eau de la Salette opère visiblement sur les corps, et dans les âmes, *indépendamment de la foi ;* donc, l'eau de la Salette est plus précieuse que l'eucharistie.

Le corps et le sang de Jésus-Christ, dans l'eucharistie, ne peut rien sur l'âme des pécheurs invétérés : or, l'eau de la Salette, au contraire, a la vertu de les sanctifier sur-le-champ, même quand on la leur fait *avaler* par force ; donc, même conséquence.

VIII. Si on donnait le baptême ou la confirmation à des pécheurs invétérés, lors même que ceux-ci les recevraient de bon gré, ces sacrements ne mettraient pas le Saint-Esprit dans leur âme ; or, l'eau de la Salette le fait, même quand on l'administre par force ; donc, l'eau de la Salette a des effets plus puissants que le baptême.

IX. L'eau de la Salette ne pourrait peut-être pas remplacer le sacrement de pénitence ; mais elle remplacerait, du moins d'une manière très-avantageuse, toutes les préparations nécessaires pour se disposer à recevoir ce sacrement avec fruit. En effet, quelques gouttes de cette eau, *avalées* de gré ou de force, opèrent instantanément la conversion du cœur chez les pécheurs les plus endurcis; cela, *indépendamment de la foi*, et, sans doute aussi, indépendamment de la mortification des sens et de la prière. Le sacrement de pénitence devra donc désormais du moins changer de nom. On ne l'appellera plus le sacrement de pénitence, puisque la pénitence ne sera plus nécessaire; mais on l'appellera le sacrement de l'eau de la *montagne bénie*.

X. L'eau de la Salette est incontestablement plus salutaire que l'eau qui sortit, sur la croix, du côté du Sauveur, et que le sang divin qui coula de toutes ses plaies.

XI. Jésus-Christ immolé sur l'autel, dans le sacrifice de la messe, n'obtient, ni les biens temporels, ni les biens spirituels, *indépendamment de la foi* de ceux qui le font offrir; or, c'est ce que fait l'eau de la Salette : donc, l'eau de la Salette vaut mieux que le sacrifice de la messe.

Femme chrétienne, épouse fidèle, mère dévouée, désormais, quand vous aurez à obtenir la guérison d'un enfant bien-aimé, ou la conversion d'un cœur dont la pureté vous est aussi chère que la vôtre même, ne faites plus dire des neuvaines de messes ; vous avez un moyen moins dispendieux, plus sûr, et plus court ; faites *avaler*, à l'objet dont la santé ou la conversion fait l'objet de vos ardents désirs, quelques gouttes de la nouvelle eau.

XII. Enfin, l'eau de Notre-Dame de la Salette doit désormais prendre la place de la sainte Ecriture et de toute parole de Dieu. En effet, la parole de Dieu ne touche les âmes que par la foi ; or, l'eau de la Salette convertit immédiatement les âmes, sans la foi : donc, l'usage de l'eau de la Salette doit désormais, dans l'Eglise catholique, prendre la place de la lecture et de la méditation des livres saints. Donc, désormais, plus de missionnaires, plus de chaires, plus de prédicateurs ; ou bien, si le ministère de la prédication doit désormais n'être pas inutile, que l'orateur, au lieu d'expliquer l'Evangile, ou avant d'expliquer l'Evangile, ne manque pas de faire apporter avec lui une cruche d'eau de Notre-Dame de la Salette, et de faire boire, *de gré ou de force*, tous ses auditeurs.

XIII. On le voit donc, Notre-Dame de la

Salette, avec son eau et sa doctrine , sape les fondements de la religion et la détruit de fond en comble. Il est donc facile par là de reconnaître le véritable auteur des prodiges dont on l'appuie.

Il n'y a que le diable qui puisse faire tous ces prodiges en confirmation de l'erreur.

I. M. Rousselot dit, à l'endroit qui donne lieu à cette note (1), que la Dame s'est reposée *sur la fontaine;* ailleurs (2), il dit que les enfants l'aperçurent *assise sur un tas de pierres;* et 'dans un autre endroit (3), *sur les pierres de la fontaine.* Mélanie et Maximin , dans le récit qu'il leur attribue, disent avoir aperçu d'abord *vers la fontaine* la clarté dans laquelle ils virent ensuite la Dame assise , sans parler des pierres. On voit donc que M. Rousselot n'a jamais été bien fixé sur l'endroit où la Dame a apparu.

Maximin , dans le premier de tous ses récits , dit tout simplement, sans parler ni de pierres , ni de fontaine , ni de clarté, ni de rien de surnaturel : « Nous avons trouvé » *près du ruisseau* une belle dame, qui nous a amusés » longtemps et qui nous a fait deviser *avec* Mélanie. J'ai » eu peur d'abord , et je n'osais pas aller chercher mon » pain qui était auprès d'elle, mais elle nous a dit : » *N'ayez pas peur , mes enfants; approchez , je suis ici pour* » *vous annoncer une grande nouvelle* (et le reste du récit). »

(1) Voyez p. 106.
(2) *Rapp.* , p. 38.
(3) *Id.*, p. 53.

Maximin s'exprime ainsi, le soir même, en arrivant à la maison de son maître, lorsque celui-ci lui demande pourquoi il n'est pas revenu auprès de lui, comme les autres jours, après avoir fait boire ses vaches (1). Voilà le premier commencement de l'histoire. Le reste a donc été ajouté successivement.

II. M. Rousselot prétend que la fontaine était tarie et desséchée lors de l'apparition, et que l'eau commença à y jaillir dès ce moment par miracle, et qu'elle n'a plus cessé depuis. Voilà des circonstances qu'il aurait fallu surtout bien prouver ; mais précisément M. Rousselot n'a pas pris la peine de le faire.

Ce que nous trouvons de certain dans le rapport de M. Rousselot, c'est qu'il y avait une fontaine, avant comme après l'apparition, sur le plateau de la Salette, et, qui plus est, une fontaine qui ne manquait pas d'eau. Pierre Selme, dans la déclaration que nous venons de citer, dit, en parlant de Maximin : « Le premier jour, » lundi, je le menai sur le plateau pour lui indiquer une » petite source, où il devait faire boire mes vaches. » Et un peu plus loin : « Le samedi 19 septembre, vers les » onze heures et demie du matin, je lui dis de mener » mes vaches *à la fontaine.* » M. Rousselot nous répondra sans doute ici qu'il y a deux fontaines sur le plateau de la Salette : une *petite, dite des hommes*, à gauche du ruisseau ; et l'autre, celle dont il est question, à droite (2) ; et que c'est à la petite fontaine, dite *des hommes*, qu'était l'eau. Mais à qui M. Rousselot espère-t-il faire croire, sans preuves, que, les deux fontaines étant également

(1) Déclaration de Pierre Selme, 28 septembre 1847, rapportée par M. Rousselot, p. 46.

(2) *Rapp.*, p. 52.

au fond d'un ravin, à trois ou quatre pas d'un ruisseau qui coule (1), ce ne soit que par miracle qu'il y ait de l'eau *sans interruption* dans l'une d'elles, tandis que l'autre n'en manque jamais ? A qui espère-t-il faire croire, sans preuves, que l'une de ces fontaines ait été, en septembre 1846, plus sujette à tarir que l'autre, au fond de ce ravin, surtout lorsque, faisant la description du plateau de la Salette, il nous raconte lui-même que non-seulement les deux côtés du ravin, mais encore tout le plateau, *et les trois montagnes jusqu'à leur sommet*, sont habituellement *couverts d'une belle verdure et n'offrent à l'œil que des pâturages verts et rampants* (2) ; lorsqu'il nous dit enfin, en paroles expresses, que tel était l'état du plateau avant l'évènement? Les fontaines dans ces conditions n'ont pas coutume de tarir au sein des montagnes.

D'ailleurs, que vont faire les enfants auprès de cette fontaine? Pourquoi y vont-ils avec leur pain et leurs provisions? pourquoi est-ce là précisément qu'ils se couchent et s'endorment? Tout cela s'explique, supposé que là soit l'eau ; mais tout cela n'a plus de raison si on suppose l'eau tarie.

III. Enfin, quand Dieu veut frapper l'esprit des humains par le miracle d'une eau produite contre les lois ordinaires de la nature, nous savons comment il s'y prend. Sa sagesse ne lui dicte pas d'opérer le prodige obscurément au sein des montagnes, dans un plateau couvert d'une belle verdure, au fond d'un vallon frais, à trois ou quatre pas d'un ruisseau qui coule, et dans une fontaine qui existe déjà en ce lieu ; mais Moïse prend avec lui les anciens d'Israël, et va frapper de la verge, en leur pie-

(1) *Id.*, p. **36 et 52.**
(2) *Id.*, p. **36 et 32.**

sence, une roche vive et dure dans le lieu le plus aride du désert. La verge frappe aux yeux des vieillards attentifs, et à l'instant l'eau coule, à leurs yeux, fraîche et abondante du sein du rocher, d'où il est évident qu'elle n'a jamais coulé, et qu'elle ne peut couler sans miracle. Voilà comment se font les miracles, quand c'est Dieu qui les fait. Mais quand ce n'est que M. Rousselot qui les suppose pour l'établissement d'un utile pèlerinage, il est tout naturel qu'ils se fassent autrement.

FIN.

TABLE DES MATIÈRES.

QUATRIÈME ENTRETIEN.

CINQUIÈME ENTRETIEN.

SIXIÈME ENTRETIEN.

CHAPITRE ADDITIONNEL.

FIN DE LA TABLE.

TOULOUSE , IMP. DE A. CHAUVIN, RUE MIREPOIX, 3.